课堂上究竟发生了什么

吴非 著

中国人民大学出版社
· 北京 ·

图书在版编目（CIP）数据

课堂上究竟发生了什么 / 吴非著. —北京：中国人民大学出版社，2015.6
ISBN 978 – 7 – 300 – 21350 – 7

Ⅰ.①课… Ⅱ.①吴… Ⅲ.①课堂教学—教学研究—中小学 Ⅳ.①G632.421

中国版本图书馆CIP数据核字（2015）第108942号

课堂上究竟发生了什么
吴非 著
Ketang Shang Jiujing Fasheng Le Shenme

出版发行	中国人民大学出版社		
社　　址	北京中关村大街31号	邮政编码	100080
电　　话	010 – 62511242（总编室）		010 – 62511770（质管部）
	010 – 82501766（邮购部）		010 – 62514148（门市部）
	010 – 62515195（发行公司）		010 – 62515275（盗版举报）
网　　址	http://www.crup.com.cn		
经　　销	新华书店		
印　　刷	北京华宇信诺印刷有限公司		
开　　本	720 mm × 1000 mm　1/16	版　　次	2015 年 6 月第 1 版
印　　张	14.75　插页1	印　　次	2025 年 6 月第 24 次印刷
字　　数	190 000	定　　价	58.00 元

CONTENTS 目 录

第二辑　课堂上究竟发生了什么

第三辑　照亮课堂的光

人与课堂（代序）

这本小书，收录的是我近年对课堂的一些思考。

从大学毕业到退休，我一直在一所中学教书，在讲台边，一节课又一节课，一年又一年，像农夫在地里耕作，平常极了。世世代代，无数的人都这样劳作，一生做一件事。

每年，有几十万青年初上讲台，也有几十万教师告别讲台。对讲台，对课堂，人们有什么样的认识，为什么要教、怎样教，课堂上究竟发生了什么，始终是我感兴趣的问题。虽然一直浸润其间，但我总是无法让思考走向深邃，获得准确、客观的结论，因为社会在变，影响着课堂和人。

教师的职责是"教"，教学无非是"课堂"与"人"的关系。我至今仍然在思索课堂上的一切。在那些年里，每天都在思想，为此殚精竭虑，时喜时忧；那几十分钟的一节课，你虽然知道可能会发生什么，却无法预知那些妙不可言的细节或是突然出现的障碍，你也未必能清晰地描述它与未来的某种联系。人的一生，有12年要在小学和中学的课堂上度过，课堂上发生过什么，课堂将会对未来有什么样的影响，教师不能不思考。

课堂只是教师全部生活的一部分，但有职业追求的教师会不断从生活中汲取教育资源并获得灵感。这种职业状态，来自对"学"的认识，即他首先是思考型的学习者，他能明白这节课要做什么，同时也知道这节课对未来意味着什么。对有追求的教师而言，每节课的作用可能都是独一无二的。

在课堂上，所有的人都在"学"，包括讲台边的这个角色。"教"

的过程，也是“学”的过程。我从不在意所谓的“桃李满天下”，也从不以学生的成就为荣，教师职业的趣味，可能在于比一般职业能更直接地观察人的成长轨迹，并在探索与磨砺中成为有智慧的人。

教师在课堂上实践相关教学理论，有这种意识是积极的，不过，如果始终把课堂当作试验场，致力于课堂教学理论化，过于追求“创新”和“特色”，也许未必是明智的选择。一些教师教学技术娴熟，而当他致力于为自己的课找到一枚与众不同的标签时，很可能会违背规律，忽略教学对象。基础教育的特点，就在于始终着眼于“人的教育”，如果教师眼中只有“课”而无“人”，那样的“教”没什么社会价值。我不是个很有智慧的人，敬重常识让我少犯了很多错误。“东鲁春风吾与点”，是极高的教育境界，而我后来也想到，那也应当是极平易的教学常态。我常常憧憬那样的课堂，无论是做教师，还是做学生，甚至只是做一名旁观者。

功利的课堂和平庸的课堂同样无价值。学生的成长，很大程度上取决于教师的价值追求。我们能看到，那些竭力不被世风压进平庸模子的教师，心中有“人”的教师，他的自由思想会照亮教室里年轻的心。每节课都是生命的脉动，用生命激情点燃的课堂，有温度，会成为教师生命的一部分。

我的课堂回顾有很多局限，我缺乏在不同学校工作的经历，对其他学科的教学了解也很孤陋。我做过很多努力，想观察不同的课堂经验，以更深入地思考“课堂和人”。很多教师重视课堂实践，不妄自菲薄，他们的讲述总能启发我的思考，那些独特的课堂体验显示了教育智慧，那些在不断反思中形成的经验，使我们更加珍视“课堂”在人生的位置。

在课堂上，我常想：这些儿童和少年，这些未脱稚气的青年，现在他们坐在这里，几十年后的某个时刻，他们的思绪忽然飞回童年的课堂、青春的教室时，脑海中会闪现什么样的瞬间，会出现什么样的场景？

有时，我也会想：教学，像长途跋涉，带着一群儿童、少年，或是稚气未脱的青年，往前走，有时停下休息，偶尔也会绕点儿路，甚至会走错路；虽然我可能熟悉这段路，但我每次带着不同的人；他们最终要去不同的远方，我带领他们，直到他们有勇气踏上一段陌生的路，甚至去冒险。他们视我为同行者，抑或是智慧使徒，要在遥远的未来，当他们回望人生之路时才能判断。

基础教育的特点，在于教师的全部努力，经过漫长岁月之后，才可能从人的教养、习惯方面看到一点点作用，而追根溯源，却又未必能说清。教师一节课，仅仅是一滴水，但是，每一滴都是重要的，对于生命。

2014年11月 南京

第一辑　课堂，与未来有关

这节课，与未来有关

兴趣是怎样丧失的

学科趣味可以培育

水龙头下的漏斗

没有必要把他固定在教室里

让学生学会自主支配时间

学生有属于自己的“课外”

引导学生关注未知世界

应当想到可能会发生什么

教师的价值观必然影响学生

我不愿在肮脏的教室里讲述美好

我希望学生今后是这个样

教师的目光

这节课，与未来有关

设身处地，站在讲台，教师不能不想着自己的这节课，也不能不想学生的未来。曾听一些老师问：“这节课效果如何？”“这节课和考试有什么关系呢？”在问话人看来，每节课的教学都要立竿见影，每节课都“必须从学生的利益出发”。教育观念的差异，具体到一节课上，便让人感到很难沟通了。

我常想的，是自己在教学中做错了些什么，为什么会做错。我在犯错误时不可能知道是在犯错误，几十年过去，后果显现，我的教学非但没价值，而且有害于人。看当今的成年人，凡遭受非议的言行，无不有早年受教育的影子。比如语言习惯、言不及义、言语不当、出言不逊、语言暴力、阿谀奉承、假大空，等等，和早年所受的语文教育未必没有关联。“教育”不一定全来自课堂，但课堂究竟有没有教给学生正确的判断，值得反思。

教育改变人生，有可能把人变好，也有可能扭曲人。“文革”结束，我上大学，后来到中学，看到了社会的变化，也看到人们对教育的期待。但是，从开始教学的那天起，就遇上绕不过去的矛盾，你只能直面困难。20 世纪 80 年代初期教科书的内容，现今无法接受，然而在当年，教师不得不在自己无法接受的状态下去教学。我们试图提出一些改变的设想，却无处发言，没有一家刊物敢于刊登批评意见；不仅社会，同行也认为“你胆子太大”——大家都跪得好好的，你为什么偏要立在那里？

那些说教能不能当作知识教给学生？或者该不该进入基础教学领域？教师在课堂上展现的所谓“智慧”，在未来该如何解释？我常对同事说，我最怕的，是学生在未来某个时候质问：你们当时明明知道那些是没有价值的、落后的甚至是反人道的内容，为什么还要拿来教我们，让我们用宝贵的生命去学习错误的东西？

我在从教之初有过一个大循环，观察了一批学生从十二三岁到十七八岁的成长过程。伴随他们的成长，我的一些教学思考也逐渐变得清晰。我认为中国教育最需要的是人道精神，要通过教育唤醒人、发展人。在这个过程中，最重要的，是教师的觉醒，教师有自省意识。教师首先成为一个活生生的人，才有可能去唤醒别人，才能有面对生命的课堂，“教学”才有可能发生。

“唤醒”，需要勇气，可能也要教师付出点儿代价。1986年，有外省教师来校观摩，那时学校都是随堂听课，即上什么听什么，不事先通知。刚好我教到马识途的《我们打了一个大胜仗——四川抗洪救灾记事》，放在现在，可能没有编者会选它做课文，可是当年，就得用这样的教材去教！新闻特写与评论的灵魂是真实，体现正确的价值观，没有了真实，价值观错误，也就没有教学价值。当时有个很不文明的新闻俗例，即不如实报道灾害损失，特别是不公开人员伤亡情况。我刚刚开讲，就请学生“找一找这篇课文中的一个大毛病”——这在当时可谓大逆不道，听课教师神色惊恐：课文怎么可能有毛病呢？这可是马识途同志的作品啊。20分钟后，研读完毕，有学生发言：这篇报道中，有工厂、农田、水利设施、房屋等具体的损失数字，而这么大的洪水，居然没有人的伤亡数字，请问老师，有没有淹死人？我说：“据非正式消息，1980年四川洪水死亡人数在8000左右。”学生和听课老师纷纷交头接耳。也许有老师认为：教科书上没登，你这样说是否严肃？可是我想的不一样：你只能这样写，你只能这样编，但我不能这样教；我直接面对学生，我得想到学生的未来，我的教学不能犯错误。我们的课堂，应当教育学生珍视人的生命。所有的生命都是宝贵的，课堂不能给学生灌输漠视生命的意识。课后，有位听课教师在称赞的同时也表示担忧。我告诉他：我教的是语文，新闻作品的生命力在于真实，在于传达正确观点；我教学生“学会看报纸”，教他们“透过现象看本质”，教他们“全面客观地思考问题”，教学生树立“人”的意识……总之，这是“语文”。直到 1994 年，中国的新闻报道开始把人员伤亡数字放在经济损失数字前面，社会进步了。教育和教学，应该走在社会的前面。过了十多年，在成都，朋友开玩笑说去看看马老，就住在这楼上，和他说说你那节课，我说不打扰老人了。后来想到应当去的，因为我的那堂课，能向学生的未来负责。

二十多年前，“亚洲大专辩论赛”电视热播，大学、中学群起而效之，风靡一时。“正方、反方”，抽签决定，没有“立场”与“见解”，而只是展示辩才和反应能力，炫耀击败对手的策略和思路，如何转移视线，如何避实就虚，如何偷换概念，如何干扰对手……虽比“文革”中的“大辩论”文明，不至于打过“语录仗”后大打出手，但各种口舌之技，都超不过战国策士。我想，教师教学生学这些，以后谋生，成笔杆子，当讼师，做幕僚，会把奏折上的“臣屡战屡败”改为“臣屡败屡战”，龙胜帮龙，虎胜帮虎，脸不变色地写各种劝进表，这样的“语文能力”，难道不令教师感到羞耻吗？

学校征集校友回忆录，有校友撰文回忆 20 世纪 90 年代我在高中辩论大赛中“吹黑哨”的旧事。文集出版，有老师拿了书疑惑地问：“你当年真的‘吹黑哨’？”我看了那篇文章，虽然记不清细节，但依稀记起有这回事。我没教过那位同学的课，他却记住了我。那场辩论赛，高一和高二对抗，题目是“市容队没收小贩货物是否合理”。20 世纪 90 年代，南京试图建“国际化大都市”，组建“市容队”，经常打骂驱赶小贩，没收货物，小贩无法谋生；而政府掌控舆论，强势推行。老师们认为这个问题可以辩一辩。高一队抽到正方，高二队抽到反方，滑稽的是：学校要我同时辅导两个队。我教高一，但我希望高一队输掉——如果他们赢了，有可能导致学生思想混乱，丧失起码的同情心。高二队来办公室接受辅导时，我教他们如何质疑，如何占据制高点，如何欲擒故纵，如何攻其不备，击打要害，最后坦然地对高二队说，我希望你们赢得胜利。那位学生写道，对我的做法，当时他们很意外，这不是“吹黑哨”吗？辩论开赛，他们信心百倍，“气势如虹，赢得全场喝彩”。大学毕业后，那位学生作为内参记者，多次涉险犯难身陷逆境，为捍卫公平、公正而义无反顾。我当年那样“辅导”，对高一代表队也许很不公平，但我内心，是不愿让学生从此有“市容队没收小贩货物合理”的认识。“留一手”也罢，“吹黑哨”也罢，“拉偏架”也罢，我至少得让学生明白，要有悲悯之心，“市容”（或“城管”）缺乏同情心，殴打小贩，断他们的生计，是野蛮行为。这种情感左右我，我不愿让学生在学习过程中丧失起码的人性，无论在课堂里还是在赛场上，我都会做那样的选择。课程标准中的“情感、态度、价值观”，指的就是这些。只有利益表达，没有真实情感和态度，没有人格立场，把“语文”当作纯粹的工具，有那样的“语文能力”，就未必如文盲了。“语文能力”要不要有人文内涵，这个问题固然可以继续讨论，但我不想做“匠”，我的课堂也不是工匠练习所，我不能把自己不能接受的东西强行灌输给学生。我要教他们正常说话，坦诚地表达自己的观点，尽可能让他们在未来成为正常的人。

同样，我也常想到，学生在“打底子”阶段，让他们养成好习惯，也是为了未来。我会设计一道新题，借以传达一种新观念，让一个作文好题留在学生的记忆中。我会教学生“反复修改”，领略写作的愉快；我会启发他们学习得体的表达，领悟语言的智慧。我觉得，教师的语言表达是示范，学生表达不得体，往往有教师的原因。有教师在课上说：“没想到一个农民工字写得这样好！”他的学生毕恭毕敬地听着，我想，学生就有可能写出“我的字还不如农民工写得好”这种不得体的话。有节课讲到“会说话”，我问学生：“想知道一位女士的年龄，有多少种方法？”学生很感兴趣，所说的各种方法，有教养、有智慧，这不正是有用的“语言运用”吗？有次课堂交流，我说：“有人问，从学校大门口到雨花台该怎么走？”回答当然不外乎那几种乘车方法。然而，终于有学生反问："我想知道是谁在向我问路？"两位反问"谁在问路"的学生，他们懂得"说明"时，要根据对象的情况来选择说明方式和步骤。这才是好习惯，这才是聪明人。我常常感慨应试教学的无趣、无用，学生花了那么多时间学语文，成人后仍然不能正确地运用母语，真可惜。如果教师在每节课上都有"打底子"的意识，可能会少一些浮躁。很多学生，高中毕业后就没再上过语文课，和他们交流，发现他们能对所关心的问题发表见解，语言表达准确、得体。从小学到高中，有多少老师教过他们，我不清楚，但我想到，如果每个老师都能在不同的阶段正确地"教"，就能多给学生留下一些有用的东西。

每节课，都和未来有关。

兴趣是怎样丧失的

看到那些课堂上打不起精神的学生，我总是会想：他们原先是不是这样的？他们对世界的兴趣究竟是如何丧失的？三四年级的小学生，就厌倦上课，就盼望放假，甚至对“老师生病，改自习”乐不可支，这是怎么了？

这样的年龄，应当睁大了眼睛看世界，应当对万事万物有好奇心，应当不知疲倦地阅读和发问，可是，为什么他们会把“上学”当作一件苦事？

我苦苦思索，后来，我不得不转过身，观察学生要面对的教师和家长。

和学生交流，了解他们的童年生活，这些学生一般神情木然，或是苦笑，因为他不知道你的目的，他也不会去想你的问话有什么动机。他会说：没有什么呀，我挺正常的呀，和其他同学一样呀。

但我仍然能想象，他们在受教育早期受到了什么样的干扰。每个孩子都有过对世界的兴趣，他们也有过奇思异想，却过早地被毁灭了。“利益”是扼杀好奇心的第一杀手，教师和家长教育观扭曲，过早地诱惑儿童，向他们灌输“利益”，必然使他们失去对外部世界的兴趣。比如，他们给孩子讲“钢琴神童”的故事，告诉他们：“天才”是靠父母的“逼、罚、打、骂”造就出来的，你看那个钢琴神童，父亲当年骂他“弹不好就去死”，如果不那样“逼”，他能有后来的辉煌吗？——家长恐吓未成年子女，在文明国家有可能失去监护权，而在我们的社会，却能作为励志故事荣登公共媒体，成为无数家庭教育子女的楷模。所幸的是中国城市里多数想培养音乐天才的家庭没有因此虐待儿童，至多后悔买了钢琴并花了学费。但他们没有计算孩子因此丧失的时间，他们原本可以用这些时间去关注感兴趣的事物的。

不尊重儿童天性，漠视他们的好奇心，让他们过于关注“实用”、“实惠”，不能立刻看到“好处”的事坚决不做……让孩子们未及成年，便汲汲于名利。

在儿童看世界时，教师的作用是引导他们关注知识：它的独特之处，它出现的环境和时间，它如何呈现，它是如何被人认识的……知识的丰富性和事物之间的联系会令儿童产生兴趣，他在记忆力最好的时期，知道了世界的辽阔和时间的无限。而如果引导他关注“利益”，很可能令他忽视世界之美和生命之美，看不到人间的美好，而加入拼命追逐利益、竭力逃脱恐惧的人群。

曾有很长一段时间，主流教育以夺取金牌、锦标的体育运动员为青少年学习榜样，鼓吹“拼搏”、“争光”。有部女子排球题材的电影《沙鸥》，主角竟然把银牌扔进大海，她说“祖国要的是金牌”！这部违反体育精神的影片，当初却得到体制表彰和社会交口称赞，成为青少年的励志教材。竞技体育和基础教育究竟有什么共通之处呢？教育是“育人”，“金牌”则只有一个，何必要给孩子灌输“竞争”意识呢？

班级出黑板报，上面有多处“拼搏”的壮言，上课时，我不得不停下来和学生讨论黑板报内容，我不能在一个宣传错误教育观的教室里若无其事地上课。我问：你们要“和谁拼”，想“拼什么”，能不能告诉我呢？至少，我应当知道你们在为什么学习啊。还有，每次“拼”的胜负如何？学生说：老师何必认真，从小学起就叫我们“拼搏”了，但考试测验时，还是不知道如何“拼”，至于结果，是始终紧张，不见输赢。

学习成了“拼搏”，成了与人作对的斗法，口口声声要“战胜自我”，还能有“兴趣”吗？

学生对课堂学习失去兴趣，往往也因为有个不认为“兴趣是学习的动力”的教师，这些教师误认为“智慧”可以通过“刻苦训练”而获得。

于是我们的中小学课堂上，过滥的训练，过多的重复，让学生习惯于不思维，把自己当作敞口容器，等待灌输。更有些老师误认为自己是聪明人，把自己接受灌输的经历作为刻苦学习经验传授给学生。

有些知识和技能，在开始时可能是需要“教”的，但如果教师没能激发兴趣，学生失去“学”的动力，于是教师不断地重复，也会误导学生，使之丧失趣味。简约的教学，往往能激发学生的关注；繁复的教学，试图取代学生的思维过程，结果在不知不觉中剥夺了学生的兴趣，又形成了“灌输”。

有时，学习兴趣的确像是与生俱来的，但在教育教学中，更多学生的学习兴趣是可以“培育”的。中小学阶段长达 12 年，很多基础学科就靠这 12 年的学习，如果学生接受不良教学，在错误教育观指导下，最终丧失了学习激情，必然造成终生遗憾。

过早被剥夺学习兴趣并经常处在考试压力下的学生，往往会渴望平庸的生活。

学科趣味可以培育

学科的趣味，往往在学习过程中产生，这要看教师怎样教。我们可能会看到，两位教师教同样的内容，一个能上得妙趣横生，学生学得津津有味；另一个则照本宣科，学生不得不死记硬背。学生发现学习的趣味，往往是教师作用的结果——教师对知识价值有独特认识，在教学过程中运用了个人智慧，而更重要的，是他懂得“兴趣是学习的动力”。有些教师能把学科学习弄得索然无味，除了功利主义教育观，很可能与他们对学科的认知有关。如果他自身学习都是靠“刻苦”，也就很难通过教学让学生领略科学和文化的趣味。

知识本身有趣味，学习的过程更可能培育趣味。任何学科的教学都能通过教师智慧培育学生的学习兴趣。知识本身也许比较枯燥，长期沉浸其中，可能会感到单调、乏味，特别是一些边缘的知识，没有很强的逻辑联系，也谈不上什么美感，当然也就缺乏趣味。当其作为课程内容，必须学习时，教师的教学法就显示出不同凡响的作用。在不少人看来，政治学科全是灌输，课堂一定是沉闷的，不可能有什么趣味，可是深入课堂的人会发现，很多政治教师具备常人所没有的智慧，学生喜爱他们的课。在探究学习的过程中，有了教师的智慧，这门课完全可能展现不可思议的魅力。

体育、音乐和美术，因为升学考试不考；不考，在学校就没有“地位”，从课表位置甚至到教师办公室的安排，往往都比较随意。在某校听到，有个音乐教师大半个学期没去上课，学校竟然不知道。原来他私自把音乐课让学生自习了，他觉得自己的课可有可无，而高中生多了节自习，形同减负，也很高兴，乐得不声不响。可是，音乐课怎么就不重要呢？当教师感到“无趣”时，学生自然也没有了学习的激情与需求。

有老师说，对他的学科学生感到无趣，毫无办法。教师先丧失了教学信心，这课的确很难上好了。可是，作为教师，怎么就没有办法呢？说没有办法，不仅缺乏职业精神，也因为缺乏智慧。同样的课，有老师提了一个让学生想不到的问题，引发了学生的热烈讨论，老师说，你们关注的“这个”，其实和你们不感兴趣的“那个”是一类事呀，学生恍然大悟。不了解、不培育学生的好奇心，学生也就很难发现趣味。

学习上，可以对学生明确要求，不要靠唠唠叨叨，那些机械的重复强调，会磨灭学生的学习兴趣。比如，学科基本常识，应当自行牢记，不该靠老师提醒；不要重复同样的错误，有自行检查作业的习惯；要善于发现学科学习中的困难；等等。但是，教师不要提无意义的要求而败坏学生学习的趣味。有个小学二年级学生写“强盛”的“盛”，老师嫌他写得不好看，这个学生写了五六遍，老师仍然认为他写得不好，他有些为难了，老师批评他“态度不太端正”。我看了那个学生写的“强盛”，比很多成人写得好多了——那位老师是书法家吗？他是在教书法吗？都不是，他就是要通过这样的固执，体现他的“教”，体现他的“严格”，而根本不顾学生的情绪。我认为没有必要再让这个学生反复“练”一个字，因为他已开始厌烦了，这样的练习一定会造成学生厌学。

教师自以为是，否定学生的思维，也会导致学生丧失兴趣。20 世纪 80 年代，听一名中学特级教师的写作展示课，课题是“发散思维”，从“路”开始联想。“想到什么都可以说出来”，他说。他在黑板前，学生说一句什么，他认为正确，就写在黑板上，五分钟写了半黑板。这时有个女生站起来说“条条大路通罗马”，我认为这个联想是个好“路子”，可是那位教师没往黑板上写，迟疑地停了下来，和蔼地问：“我们改成‘条条大路通北京’，你看怎么样？”学生当然没法反对，后面坐了几十名听课的省市教育干部。我不明白，“条条大路通罗马”难道有什么政治隐喻吗？如果没有，为什么要“纠正”学生的发言？“条条大路通罗马”是有来历的谚语，世界通用，凭什么到你的课上就得改成“通北京”？我当时觉得多此一举，现在想起，这是破坏学生趣味和思维的恶例。他平时的课可能不会让学生有什么兴趣，黑板上的话，几乎全是空话和套话，而那句“条条大路通罗马”可以算是最有趣味的话了。下次你还让我联想？算了，“条条大路通哪里”都得你说了算，只走你的一条路吧。

有位学生数学考了90分，我认为很不错，因为他的数学学习一直很轻松。可是班主任对他评价不高，因为“他每次考试都要出点差错，从来没得过第一”。他也许是没得过“第一”，可是他感到学习有趣，他并不在意卷面被扣了10分，他没有复习，他泡在图书馆看闲书，他玩游戏，他看了一部电影，他和同学去公园玩，他忽然心情好去逛商店了……他写完后也没有检查，他翻翻试卷，估计自己起码能有90分了，不错了，不会比以前低，他就闭目养神，歇歇了。这有什么不好？非得贪婪到一分两分也斤斤计较？这是读书学习，不是卫星发射，不是太空飞行器对接，无须万无一失。在学校，在课堂上，功利的“分数观”毁掉了最宝贵的好奇心，让一部分学生永远地丧失了童年和少年，也给他的青年时代注射了“成功”的毒素，让他们的学习变得紧张而无趣。

一些人不是这样看的，他们总是能找出一百个理由证明那两三分有“花钱买不到”的好处，对人生至关重要，失去它将失去多少多少机会。长久地浸润在这种无趣的教育中，想不变得猥琐，不可能。

水龙头下的漏斗

通过思考、探究所获得的知识记忆深刻，更易于形成能力，这个观点，估计老师们都能接受。

一节课开始，我会问学生："有什么问题想问我？"如果有人提问，不管他问什么，我都表扬，因为他敢问，已经不容易了；现在大部分学生习惯"等"，等教师来"灌"。学生敢于提问了，我才会在适当时机提醒他们权衡：怎样发问更有价值，哪些问题可以自己解决。会"问"，个人的思考开始了，"学"才成为可能。

真正优秀的学生，是"会学"的学生，而不是考试分数高的，因为目前的评价系统仍然无法准确测量学生的真实能力。

我读书不多，悟性也不高，加上遭遇"文革"，无学可上，无书可读，有很长一段时期，完全靠一点一滴地自学。我插队期间，到处找寻，有什么书读什么，所读的书远远不如后来在大学读的多，却比较管用。因为没有传道、授业、解惑的老师，独学无友，长期在黑暗中摸索，通过自己的思考，一点一点地比较、感悟，用心把那些沉默的书本点亮，让它们成为青春时代的光明记忆。后来我能对一些问题比较敏感，敢于质疑，能大致辨识书本知识的真伪，探索寻找真相，也得益于我在独处中自由的学习。

通过自学积累起来的方法，经常帮助我渡过难关。因为自己摸索出来的路径，比老师"灌"的要适用。很多人或许有这样的经验：多年来电脑中一点点聚集起的材料，非常珍贵，记忆清楚；而从别处成批"拷"来的，往往并不认真阅读。

没有多读多思，比较、筛选、判断的能力就无从说起；豁然开朗的“悟”也就不可能。而我们对课堂教学做判断时，却常会忘记这一点。教师教学时往往会忘记，只有自己踮起脚来摘到的果子才能形成深刻记忆。课堂上，为什么不留些东西让学生自己去学？一些教师不但整本书都教，连教辅也拿来填充课堂，让学生时刻离不开他。

我真正认识到自己的课堂教学有失误，是从家长的热情表扬中发现的。家长说：孩子回家后饭桌上提到的最多的人是你，每逢家庭交流，他总是说你上课说到一个什么样的观点。还有位家长说：孩子要买和你一样的衣服，我们觉得不合适，可是他一定要一模一样的……

如果在这一阶段，学生想到要“像老师”，换个学习环境，他不一定能适应；他为什么没想到成为“自己”呢？他什么都学老师，最终什么也“学”不成。

学生从师而学，结果失去自我，忘记了自己要学的是“方法”，那将是很糟糕的事。更糟糕的是，如果老师不认为这样有什么不对，把学生当作“门徒”，那就完全失去了教育的意义。教育要教会学生思考，而不是把他们格式化后，复制教师的思维。

教育新闻中，可笑的事很多，媒体介绍教师先进事迹，有这样的话——“他的课上，学生眼睛都不敢眨，生怕漏掉重要的知识”；同样，也有老师自夸：“学生在我的课上一分钟也不敢松懈。”——学生在课堂上胆小如鼠，像奴才跪听圣旨，学生不思想，大脑成了录音机，这样的课堂难道也值得夸耀？教师只注重自己的“教”，而不管学生思维处在什么状态，一味地灌，把一节课弄得非常紧张，学生怎么可能“悟”？把学生当作容器，由教师“灌装”，多数学生来不及接受；灌得太快，或者溢出来，或者成了漏斗，总之，全垮了。

在无休止的灌输下，有些学生被压成漏斗状，随灌随漏，而教师误以为学生仍有“空间”，仍在“渴望”，一股劲地继续灌。这种一味“灌”的教师，甚至会误以为自己勤奋并成功，因为他的学生时代就是被“严师”“灌”的。通过观察还可以发现，这种类型的教师，虽然教了一二十年书，仍把自己当容器，他们从不主动读书，不知探究、思考，而是到处找学者、专家乱问，把他们当作“水龙头”，当作职业生命之源。

没有必要把他固定在教室里

我问一个小学生，上课时老师如果批评，最常说的话是什么。小学生爱老师，说，老师很亲切，上课时最严肃的话，是提高声音提醒大家："注意力要集中！"可是，每次老师说了这句话，小朋友们就都想把那个"注意力不集中"的人找出来，"这样一来，反而不集中了"。我觉得，真是该尊重儿童的智慧，他们总能生动、形象地说出事实。

一名始终保持对事物的好奇心，有探究力的学生，课程内容满足不了他的求知欲；他从学习中获得的思维习惯，会用于除了睡眠之外的全部时间，他的天地早就超越课堂了。这样的学生，只要没有在课堂妨碍别人，教师不一定要"管"。你以为他"分神"，其实他可能正在津津有味地想一件大事。有些教师有这样的经历：课堂上喊一个看似心不在焉的学生回答问题，准备等他张口结舌时教训他，没想到他的回答要言不烦，有条有理。

如果教师已没有能力指导学生了，何必阻挡他前进的步伐呢？

在台北"建国"中学听课，课上了一半，有个学生悄悄地从教室后门出去了，老师和其他学生视而不见。课后，老师介绍，常有这样的事，他或许早就看过这部分内容了，或是这方面知识他已达到大学二年级水平了，何必让他坐在教室里呢？他去图书馆翻翻资料也很好，不要浪费他的时间。

我多次和同事探讨这个问题，但我们觉得不能不顾及学校的管理。社会文明水平制约了学校教育改革。

如果出于监护责任，不能让这些学生离开教室，那为什么不让他做些想做的事呢？比如，悄悄看点其他书，或是在笔记本上写点什么，我认为无妨。为什么一定让他“注意力集中”听教师的重复呢？强迫学生用宝贵的时光学无价值的东西，或是重复简单的过程，说轻了是浪费时间，实则是糟蹋生命。

我曾批评学校集会，在我看来，集会场面难堪，有时未必是教职工素养差，而是报告人没有足够的水平获得听众尊重。如果报告人有见解，能讲出新意，听众自然会有兴趣；落后的观念，粗俗的表达，凭什么要让教职工坐在那里听他海聊胡吹？报告没有实质内容，表达没有魅力，还要训斥“请老师们注意力集中！不要做其他事”，很可怜。极权文化造就愚昧和顺从，而教师应当是思想者。教师抱怨校长，校长抱怨局长，局长也可能抱怨市长……可是，有没有想到，在课堂上，学生也可能抱怨老师？

我觉得，在课堂上，只要不妨碍他人，学生有“想”的自由。教师凭什么认为自己的话“非常重要”呢？凭什么判定学生没有听懂呢？又有什么必要强迫学生听你那未必有智慧的絮絮叨叨呢？很可能，你在课堂上说的这些，他小学五年级时就看过，上初中二年级时又重看过，一个月前还从其他途径看到不同观点的介绍。在这节课上，教师用十几年前的陈旧资料说明一个观点，大部分学生闻所未闻，表现得很专注；而“这一个”，发现老师不可能说出更新鲜的东西，他不想妨碍其他人，也不想卖弄自己见多识广，他只是有些漠然，在想自己的问题。教师讲在兴头上，发现教室里有个人“思想不集中”，于是敲敲桌子提醒“注意力要集中，这部分很重要”，但一会儿发现他又“走神”了。

为什么不去想“十室之邑，必有忠信如丘者焉”？为什么没想“三人行，必有我师焉”？我们常说“不要低估学生”，即使在应试教育猖獗的当今，仍然有那些学而不厌、想尽办法多读多思的学生。我在多年的教学中，逐渐学会如何判断“注意力不集中”和“我已经懂了，想做点别的”。没有必要把他固定在教室里——我无法让他走出教室，但我允许他的心飞出教室。

让学生学会自主支配时间

课间和学生聊天，问学生：每天做完作业后做些什么？有学生说，做教辅，妈妈买来的；有学生说，晚上做完作业已经十点半了；有的说，看半小时电视烂片消遣；也有的说，在学校抽空就把作业干掉了，一晚上看小说……

学生和我熟，知道我一向对所谓“苦读”不以为然，便能实话实说。有学生说，晚上累了，但还想做点事，结果往往什么事也做不成；有的说，“我晚上发呆半小时以上”。我说这是常态，老师也会这样。“晚上累了”，就应当休息，为什么非得“想做点事”呢？“发呆”，也是一种休息方式，你仔细观察，不做事在“发呆”的人多呢，或许是思想正在飞翔。

人的精力有限，累了，睡觉或是慵懒一些，有利恢复，凭什么非得“振作精神”？悬梁刺股的，智商一般不太高。学生时间有限，这个年龄该做点梦，学校、家庭逼狠了，他可能会走极端，寻求释放，在其他地方出问题。

“自习”非常重要，学校每天下午如能安排一节自习，作为“缓冲”时间，让学生自由支配，能解决不少问题。奇怪的是，很多学校没有自习课，有些学校课表上有“自习”，但学校规定，自习课也要老师到场，或由教师“轮值”。既然到场了，一些教师就见不得学生看闲书或是闭目养神，总要找些题目让他们做，“省得他们发愣不知道干什么”，于是自习无“自”，徒有其名。更不可思议的，是不少家长支持这种做法，认为“学校负责”。热衷集中营式管理的学校能找到的理由，叫做“帮助学生管理好生命的每一分钟”。

教育者必须明白：学习，不是生命的全部。教会学生合理安排时间，教会学生思考，教会学生在独处时寻找快乐，教会学生在个人空间内培育趣味，这些，也是教育的任务。学生带着渴望到学校，寻找有智慧的人，向他们学习方法，而不是把自己交给工厂加工，或是让学校驯养自己。教育者不能通过条条框框把学生固定在某个空间，让他亦步亦趋；把上课之外的全部时间交给学校统治，那样的学生永远不可能成为主动的学习者，因为长期“被喂养”，即便饥饿，也不会“觅食”。

我从教后逐渐发现这一点：凡是知道如何安排个人时间的学生，比那些天赋高而不懂“课外”的，往往更有优势。如果他能有三天时间，他会用来做一件私下琢磨了很久的事，或是去了解某一方面的知识（他有这方面的需求）；如果有一天空余时间，他会想，可不可以借此机会到某个地方走一趟，看看那里有些什么；如果有三个小时空闲，他会想有可能去访问某个人，海阔天空的交谈总会有许多愉快；如果只有一个小时，他会想到，完全来得及把这个书架上的书翻一翻，或是和某个人讨论一下上次没说完的话题；如果，如果只有20分钟，他想到可以整理一下书包，或者关注一下某个同学的一个建议……总之，他有事做，知道如何选择和安排。这些时间，可以学习，也可以休息，可以与他人交流，也可以独处。

学生时代，就能自主安排个人时间，也就能在未来选择前路，寻找快乐和幸福。

学生有属于自己的“课外”

我常关心学生课外做什么，特别想知道他们在读些什么书。我并非要干预学生的个人空间，我只是想到，学生的“课外”和“课内”必然有某种特别的联系。作为教师，在“专业”之外获得的启示，往往更能激发我作为“专业技术人员”的灵感。我因此劝说学生,多关注一些“远距离的知识”，不是因为“有用”，而是借此发现世界的辽阔。

学生是否有智慧，学科考试成绩未必说明问题，而他在日常生活中的谈吐倒可以体现一二。曾无意间和一位学生谈欧洲史，发现他所读甚多，远远超出高中历史课程要求，特别对宗教史，说得头头是道，颇有见地。那些内容都是“不考”的，但他有兴趣，他在分析一些问题时，视角独特，观点犀利，具备其他同学没有的优势。

语法、修辞、逻辑，中学课程有淡化的趋势，但如果学生自学这方面的知识，再去观察现今的应试教学，会觉得水准有限，很多“复习”纯粹浪费时间。但凡有这方面自学经历的学生，往往鹤立鸡群，因为他看得清也看得远。

20 世纪，传播知识的途径比 19 世纪发达得多；21 世纪初，人们已经能即时了解世界发生的事。图像、影视以更快的速度缩小了世界，前所未有的电脑检索速度节约了人们查找资料的时间，前辈用手工方式花毕生精力完成的探索与整理,当今学生可以轻而易举地获取。奇怪的是，很多人并不珍惜这种了解世界的便捷，他们像是不需要这种属于个人的阅读，无法表现出应有的兴趣。曾经的物质贫穷导致了价值观扭曲，专制文化压制了人的自由思想，却纵容了人的物质欲，精神贫困时代终于到来。

教师文化背景差异大，学生也一样。中学生文化积累差异极大，教师教学不免顾此失彼，很难兼顾。同一个班中，有人课外读《资治通鉴》，能粗通，有人说不出中国朝代沿革；有人了解的百科知识足以能判断、应对所面对的突发事件，有人则连道路指示牌也看不懂；有人看过几百本课外书，有人完全没有课外阅读；有人有极强的辨音力，随口哼出的尽是世界名曲，有人则只知“超级女生”；有人看过百部以上的经典影片，说出几十名奥斯卡奖演员，并关注自己喜爱的导演动态，有人则只能记得小学看的几部童话片，知道赵本山、小沈阳……我在课上插了两句幽默，有人立刻笑起来，有人三秒钟后笑起来，有人十秒钟之后才恍然大悟，也有人一直木然地看着大家……这就是差异，这种差异，极可能是在课外形成的。那些思维敏捷、有幽默感的学生，课外的阅读和交流显然高于一般人。

这不是习性和风格的差异，而是精神追求的不同，这种不同最终一定会形成文化层次差异或者冲突。现今人们面临的一些社会矛盾，有人群的早期教育因素，分化在当时已经出现。同样，当前应试教育播下的种子，也将在未来异变为不可测因素，占据了社会位置的不一定是今天的“考试精英”，一个文明社会不可能永久容忍无知与粗鄙，很难相信功利主义价值观能坚强地蔓延到未来。

如果都得用“考试”这把尺子去量，很多学生未必尽有优势，可是如果他并不想让这门课也考“优秀”或是“A”，而只想“合格”或是想要个“C”，学校得承认学生有这样的权利。让一门内容荒谬的科目也能考出“优秀”或“A”，未必是良好的学习经历。作为教师，可能现在就应当有这样的文化预见。

有高中生质疑科目考试的答案，说：“如果谁的回答符合‘标准答案’，谁就是弱智。”我说，这是你的权利，我不反对你的选择。我为什么这样说？因为我发现了这种学习的无价值，我自己也曾消极对待。

我有一种担忧，在学校教育中，只重考试成绩，不重文化修养，越往后，学生差异越大，最终有可能形成缺乏共同话语的不同人群，文化价值观也因之拉开距离，在精神上进入不同阶层，最终在重大社会问题上形成观念的对立。

由是想到，在义务教育阶段，可能就需要落实“最低限度的文化教育”，需要制订不同年段的综合文学、艺术方面的参考课程。

教会学生“课外”如何度过，让他们有属于自己的课外，长大后他知道“业余”如何度过，比成天讲“应试”要有用。

引导学生关注未知世界

对课堂教学内容，不是每个学生都会感兴趣的，原因比较复杂。有些是误听传言，对学科学习本身有畏惧；有的是保持了一段时间的兴趣，后来开始倦怠；有些是学习能力不强。兴趣是学习的主要动力，不少学生学习状态不佳在于缺乏兴趣，但兴趣可以通过教学激发，教师要善于引导学生关注未知世界。

学生对某个学科缺乏兴趣，在于不了解或是没有接触这个学科内的知识，没有观察到这个学科与生活的联系，没有想象这个门类知识在未来生活中的作用，更没有想到这个学科的学习目的在于发展思维。也有些学生自幼受消极文化影响，形成错误观念。比如，“学好数理化，走遍天下都不怕”，有其产生的特殊文化背景和政治环境，同时，它体现的是一种落后的学习观：为了“都不怕”而学，志趣不高，动力有限。

学生处在“无兴趣”的状态，需要教师的启蒙和引导。引导学生关注未知的世界，教师要了解学生的学习背景，了解他的心理状态，并能有足够的智慧。

教师要善于利用机会，引导学生重新认识世界。我注意到，20 世纪 80 年代的小学生和中学生，生物知识普遍高于此前几代人。因为有了大量的有图读物，有了电视普及，这些知识以特有的形式显现出极大的趣味性，大批城市儿童提前取得了这方面的学习优势。20 年后，应试教育盛行，考查方式不完备，新型电子产品过滥的状态下，儿童对生物学习的兴趣开始减弱。校园里很多草木花卉，没有挂说明牌，这几乎是举手之劳，为什么没有人去做呢？

目前的教学严重脱离社会实践，学生能把应试需要的数理化定律背得滚瓜烂熟，把文科知识倒背如流，但除了考试，他们不知道这些知识有什么用。中国是制造业大国，可是绝大多数学生从没到过一家工厂，没有亲眼见过工业生产线，他们不知道什么是“统筹”；生活在商品社会里，他们不会解释摆在他们面前的商业模式，对身边的经济现象也一无所知。学校附近的修车师傅曾奚落：“你们学校学生动手能力真差，车坏了，抬起后轮不就推过来了吗？真笨，他们两个人抬！笑死人！”

脱离实践脱离生活，学习将是枯燥的。听一位政治教师上课，他总能把看似平常的教学内容说得很有趣，他历数学校附近街上的各种店铺，解说各家的经营模式。有学生以此为例说明“政治课有趣”，因为他每天从那排商店前经过，却没想到与课本知识有关；但是，也有学生只问：“这个考不考？”同在一间教室里学习，这些学生的智力将会有怎样的发展，我对此很感兴趣。

30 年前，有个学生为搜集几十张飞机图片，到处奔波，寻找航空类杂志封面、封底，用了一个多月。现今网络时代，做这件事只需要十分钟。当年虽然费时费力，但寻找的过程也是学习，乐在其中，记忆深刻。后来他并未从事飞机设计职业，但他几十年来一直保持着对航空技术的兴趣，他熟知各类飞行器的发展，能解释最新技术和设备的原理。这种爱好让他更注意观察事物，见微知著，能想象科学技术在未来的发展。从这些学生的经历，可以观察到人的思维品质与发展。有时我会想，那些富有智慧的人，可能都有不同一般的学习经历，他在学生时代，一定遇上了许多激发、保护和发展了他学习兴趣的人。

兴趣的培养，需要有安宁的氛围，一名疲于应付考试、测验的学生，对外部事物很难有积极的兴趣。两次测验或考试之间，是能正常学习的时间，但如果这类测验、考试密度过大，学生就没有时间去思考了，毕竟考前、考后的气氛会干扰他。学生学习需要一个情绪平稳的环境，认知与接受、思维发展、经验形成、能力培养，都需要“静”；考试、测验过密，平静的环境没有了。学生，尤其是少年儿童，不敢，也不可能抗拒这样摧毁人的教育，学习很快就成了无趣的事。

在长期的应试学习中，学生会不会以琢磨考试题为兴趣？的确有。只是这样的学生是不能离开教室的，因为他对教室之外的事一无所知。这些从小被教育“不能输在起跑线上”的学生，会以为整个人生就是“跑”，每一天都有新的“起跑线”，他因此很难看到跑道以外辽阔的地平线。

应当想到可能会发生什么

常说教师“要了解学生”，然而一个班五十多名学生的个人学习状态，往往只有用心的教师才能做到大致有数。——之所以这样说，是想到，即使我被学生当作知心人时，也常会疏忽课堂上的一些细节。但无论有多么困难，肯负责的教师必须有足够的准备，去了解学生。如果这个班已经是初三、高三，任课教师应当了解这个班上发生过的事；即使这是个初一或高一新班，也应当想到，会有许多故事将要发生。做教师，必须有这种体验的心理准备。

我的经历让自己始终记住了一个短语——“不同的人”。每个学生，都有其受教育的背景，每个人的背景都可能有特别之处，而且，今天有今天的故事背景……每个人都来自不同的生活环境，在成长中，有过不同的故事。现在他们同坐在一间教室里，对教师的教学，他们的反应可能是不一样的。因为我始终想到“不同的人”，所以我知道无法用一种办法去教所有的人。

学生的经历以及他的性格，都有可能在某节课上表现出来，而且以令人意想不到的方式。教师有经验，知道这名学生为什么会用这样的方式、用这样的语言回答问题，而来观摩的听课人未必知道这位教师的表达为什么忽然会有微妙的变化，为什么会忽然提高了问题的难度，为什么对某位学生反复追问……或者相反，问了一个看似有难度其实未必需要回答的问题，听课人不知道的是：老师想到，有个学习有困难的学生，一直在等待一个他能回答的问题，已经很久了……

只有熟悉这个班的任课教师，才有可能清楚即将发生的事。当你走进教室时，这五十多个已经十六七岁的人在看着你，也许每个人都很平静，但是，作为一名善于了解学生的教师，他看到的是那平静外表下的内心活动：可能有两三个人昨晚在家里有过不愉快，眼神在说话；有人数学作业没做完，很希望能有半个小时补起来；有两三个人为昨天的测验成绩感到巨大压力，沮丧的表情说明了一切；有个人今天该上医院的，但他又来了，他突然的咳嗽会让同桌不安；有一个人上体育课受伤了，回答问题时别让他站起来；某男生眼角一直在瞄某女生，他们之间的事没解决好；坐在左边最后的那位大概准备得很好，他今天神采奕奕，也许很想获得一个展示一下的机会……

可能还有这样一些麻烦：当你在讲台前准备开讲时，才发现，有三分之一的学生根本没有对文本做必要的细读，甚至没有浏览一遍；另有三分之一的学生没有对文本做任何有价值的思考。这和你的预期相去甚远，你不得不临时改变教学安排，给部分学生匀出10分钟，大致阅读一下文本，以期能开始教学。然而，你的计划已被打乱，你的情绪也受到了干扰。更糟糕的，下一次，可能会有更多的学生不再做课前的阅读准备，反正老师会“照顾”他们的。怎么会有这样的事？来观摩的专家会问。他们可能想不到，在学校里，在家庭里，什么意外的情况都可能发生。有时，上一节数学课或是外语课上发生的小风波会延续到你的语文课上来；有时，昨天某个学科的超量作业会让学生根本来不及预习今天的课；有时……但是，如果一名专家没有教学经历，没有深入基层学校体验生活，他的教学和研究会缺乏一种必要的想象力，对课堂上发生了什么，很难做出正确的判断。不幸的是，一些在一线教学的同行，缺乏教学自信，往往被专家胡乱的一次“点评”，便失其“本”，弄得不知所措。

我有时不愿“评课”，就在于我怕说错什么，因为我不了解这个班学生的状态。我曾经说错过。我大学毕业后一直在一所“重点中学”教学，换个学校听课，会发现一些奇怪的教学法。1982年，我听一位老师的语文课，她说“一、二、三”，学生就念经般地来了一遍“语法口诀”，这个口诀可能是她编的，也可能是向谁学来的，内容生硬，东拼西凑，也不押韵，莫名其妙，甚至可笑。但我那时就猜想：很可能她的学生会觉得“管用”。到了高中，那个班有些学生到了我班上，有一次我问起“语法口诀”，他们竟说记不清了。我于是想到：有些教学内容只是当时有用，不一定要长远有用的。那位老师在课堂上用“语法口诀”，也许并没有想到学生可以有更多的方法来记忆知识。但她也没有做错什么。在她的课堂上，一定有些学习困难的学生用她的“口诀”渡过了难关。我们不能苛求教师的教学有统一的“法”。

我至今仍然不敢贸然评价一名教师的课。看到专家用艰深的理论去评析一节课时，总是替他担心，怕他白说一场，更怕他说错什么；同时，我也担心开课老师没有自信，被专家评价了一节课后，立即飘飘然不知其所止，或是恂恂然邯郸学步。一些浮华、浅薄的表演课竟能风靡教育界，而不被质疑，如今的评价文化真该深刻反思。教师心目中没有学生的位置，他们可能不了解学生的学习状态，不关注学生的思维发展，他心里只有个人所炫的“技”。当教师喜欢或热衷把课堂搬上舞台时，教学便不可避免地与表演挂钩，而这种活动也不可避免地与名利融合，“娱乐化”也就会蔓延到课堂。一名教师有“明星情结”，他的课堂很可能会成为娱乐场，学生也因此就忘了“学”。

教师的价值观必然影响学生

学生在课堂上能记住的，往往未必是教科书上的知识，学科知识可以在任何时候通过多种途径获取，特别是在当今。他容易记住的，常常是教师的言行特征。

遇上以前的学生，他们偶尔说出来的“印象”，往往是教科书上没有的东西：教师对一个问题的不同看法，对一篇文章的不同意见，或是对某种既定观点的质疑，等等。从他们的回忆中，我庆幸当年没有说错什么。

一名教师言论所体现的价值观对学生产生的影响可能有限，但是，在接受基础教育的过程中，有几十位教师教过他，那些强烈的、相似的话语暗示，对学生价值观的形成一定会有影响。

有人回忆，读中学时，不止一名教师在课堂上宣扬“成则为王，败则为寇”，讲述“吃得苦中苦，方为人上人”，鼓吹“有权不用，过期作废”、“不找关系，那就找苦吃”、“识时务者为俊杰”……听多了，他已记不清哪句话是哪位老师说的了。我相信有这样的现象，的确有很多教学群体，基本价值观相近。中小学的“办公室文化”，老师们都很清楚，有些是很消极的，如果那些话也拿到课堂上对学生说，学生学到的是什么？教师办公室内的言行，往往也会传到学生那里。不能低估学生观察和获取信息的能力。

偶尔针对某个问题转述一句话，也许有一定的背景，问题也许不大；但如果教师价值观扭曲，必然会有成套的言论，酸雨同样“润物细无声”。学生提到，有教师在课堂上评论历史人物，信口开河，嘲讽那些舍生取义的人，钦佩那些见风使舵如鱼得水的人，赞扬那些别有心机能逃脱惩罚的人……教师一节课说了不少话，学生听了，记住了与众不同的这几句，做出归纳后，他能有正确判断吗？

看到学生批评教师节送礼，教师非但不感到欣慰，反而认为学生“没有人情味儿”；教师拒绝为有困难的同事代课，但自己遇事请假时则要求“学校安排”。有学生对同学说校长喝醉酒的丑态，大家奇怪：你是怎么知道的？原来，家长所在单位有业务和校长谈，校长灌了半斤白酒，胡说学校的事，他没想到有个家长一直在悄悄观察他，认为他“不像搞教育的”。还有些名师在博客里展示照片，很多是宴席上的，可以看出吃喝很频繁。如果学生对这些习以为常，那就是最坏的教育。

有时很为一些老师可惜，他们的工作确实比较辛苦，也花了不少精力，可是那些努力往往被自己几句粗俗的话抵消，甚至产生副作用。多年前，有教师在学生面前埋怨教师节学校“发福利”太少，而当校长什么都有，语气激愤，他身边学生迎合老师情绪，纷纷表示同情。我当时只是觉得不妥，教师这类情绪不宜向学生表达，不是所有的话都可以对学生说的，后来想到，他本人的职业价值观庸俗，提醒了也没有用，学生不可能从他身上看到职业尊严。学生从小在这样的人群中生存，耳濡目染，没有正义感，缺乏同情心，不诚实，目睹双重人格的“教育”，他能正确地认识“学校”和“教师”吗？

教师不经意的话，潜移默化，学生思维也就停滞在相应的层面。学校追求升学率，假期违规补课，学生有抵触，老师解释：“我们不过多补 25 天，7 月底放假；有的学校要补到 8 月中旬呢。”他不是比“规范”，而是比蛮干，比愚蠢。学校经常对一些教师不遵守考试纪律的言行大伤脑筋。有个教师考前经常向学生漏题，干扰了年级教学平衡，该教师解释自己的行为，认为“学生考得好一些，学习信心就足了”。老师们认为，学生很可能就此丧失对规则的敬重，很可能不以舞弊为耻。

也许会有质疑：问题有这么严重吗？

课堂上涉及价值观的错误的、不负责的言论，都将产生恶果，而且将出现在未来。

高贵气质不是一年两年形成的，学生有精神追求，有阅读作为基石，无论在什么样的环境变化下，都会始终如一地追求自我完善。同样，入骨的庸俗、猥琐也不是一天练成的，相对而言，速度更快，而且难以根治。在成长中，教师品格色彩有可能涂在学生的精神底色上。

我不愿在肮脏的教室里讲述美好

在整洁的教室里上课,心情很好。普通教室一般有五十名学生活动,不免局促,也不可避免地会产生垃圾,但我想:这个教室里五十多个在接受教育的人,是有劳动的能力的,他们能够为自己服务,他们应当保持教室整洁。

教学内容中很多是美好的事物,在备课时我有憧憬,仿佛看到学生亮晶晶的眼睛,儿童、少年、青年,都有自己的梦。但是,如果我怀着美好的愿望走进肮脏的教室,我的情绪肯定会变坏。让教师在肮脏的教室里讲述美好,这是什么样的讽刺啊。如果学生在教室里就随手乱扔纸屑和杂物,他走出教室也会乱扔。

二十多年前,学校搞基建,临时办公室条件简陋,有几天没摆垃圾桶,老师们便习惯地朝原来垃圾桶的位置堆放垃圾。办公室有位澳大利亚教师,有六十岁了,中午,她削一个苹果,吃完后把果皮用纸包好去找垃圾桶,看到那个肮脏的角落,愣住了,疑惑地走回来,把果皮放进自己的小包,上课去了。我想,她也许无法入乡随俗。我向外语老师说了这件事,他们说,没事,她会习惯的。我说,但我们不能这样"习惯"。第二天,我们在那个位置摆放了垃圾桶,我们不能把某些不良习惯推向世界。

学生做课堂作业,我到教室后面走了一圈。后面黑板下,横七竖八散落了 26 个空饮料瓶,五颜六色的,还有小食品包装袋。这不可能是一个上午就能出现的,也许是昨天没打扫。第三天上课,再到后面巡视,有三十多个空饮料瓶了,地上布满灰尘,气味也出来了。坐在后面的学生为什么就能忍受？举手之劳，他们为什么那么懒？放在以前，我会“示范”，用三五分钟清理一下，但现在，我不能代劳了。

教室卫生工具间设在讲台边上，有水池，有三个水龙头，还有洗拖把的水池。这个地方要经常清理，离讲台太近了。可是有学生把剩饭剩菜倒在水池里，堵住了。学校早有明文规定，不能在教室里用餐，但总有学生违规。垃圾也堆进工具间，地漏也堵住了，污水横流。我想知道教室的令人作呕的怪味是哪来的，打开门，惊呆了，我没想到这五十名高中学生会这样没有尊严！

我不是班主任，但如果我不说，我就不能算是教师。我问学生：我怎么可能在这样肮脏的教室里讲诗词歌赋？

学生不作声。以后几天勉强清扫了一下。又过了几天，贴了张纸：“水池堵塞，已经报修，请勿使用。”连续十天，一直就是这张遮羞的纸。

那天下午第二节课，预备铃响了，教室里还在喧哗，不知道上节课发生了什么。一摞两尺高的教辅书堆在讲台正中，挡住我的视线，我的讲义也没处放。以前，我会把讲台上的杂物抱到一侧的椅子上，但也许因为教师代劳，学生习惯了。这回我不想再侍候一大群 17 岁的青年了，我在等：五十多名学生，总该有个人想起讲台正中不该摆着这摞教辅书吧，总会有人看到老师的脸色是严肃的吧。可是，我错了，在这一分多钟内，谁也没想到要把讲台上那摞教辅书移走，连那课代表也不来关注一下。上课铃响了，我走到讲台中间，慢慢地说：“看来这是你们不需要的垃圾。”我捧起那摞教辅，走到工具间，打开门，恶臭扑来，我把它们全扔了进去。然后轻轻地说：“现在可以上课了。”

我不想说什么了，说了可能也没有用；我这一扔，也许比说什么都有用。下课后，学生纷纷急不可耐地朝那间工具间扑去。我知道，他们是想抢救自己的那一本，但估计一半以上泡在由他们自己制造出的污水中了。

当教育无用时，惩罚会令他们记忆深刻。

这些同学，他们走在街头，谁都会注意到他们的“名校”身份，他们以后大多都会考上“985”、“211”，然而，他们没有培养个人尊严。他们连自己读书的几尺地方都不清扫，他们坐在一间气味难闻的教室里大言爱国奉献，他们只关注自己的成绩是多少名，有没有可能获得推荐与保送，他们在成绩下降时希望老师多操心，却不知爱惜个人名誉。

一个班，百分之百的“共青团员”，三分之一是“三好学生”，有十多个班委和“支委”，还有一些在“争取加入组织”，信誓旦旦。可是，他们竟然能一个星期又一个星期地身处肮脏的教室而无动于衷，我能相信他们什么呢？

我对学生说：希望你们记住这件事，同时记住，我不原谅你们。因为你们到这个年龄，仍然没有公共意识，连一间教室都弄成这样，怎么能指望你们这样的人去管理社会？

20世纪80年代，我教的班，有些学生在参加高考之前，把教室打扫干净，他们要还给学校一个整洁的教室，他们不愿给下一批学生留下一间肮脏的教室。而现在，这是怎么啦？

“文革”时我在乡下，村里家家户户都去过。那是极度贫困的年代，农民很穷，但江南农家女子勤快，很多人家，屋里收拾得干干净净，灶台擦得铮亮，我记忆极深。同样，我在乡村学校的教室，一个班的课桌条凳，都靠七拼八凑，但我的教室是整洁的。农村的孩子，从不为多扫几回地而斤斤计较，虽然他们常在饥饿中。在那个艰苦的年代，孩子们身上衣服打满补丁，却洗得干净。改革开放多年后，我想到，江南农村走向文明的速度，和在贫困中仍然保持那样的整洁习惯是有某种关联的。

我希望学生今后是这个样

我教过的学生，从事各种职业，境遇不一，按世俗的观点，各有所成，也“各有所不成”。但他们中有些人往往并不在意，他们交流时不和别人比经济收入，更不屑比所掌控的权力，他们仍然能像少年时代那样在一起探求感兴趣的未知世界。这，也许是我作为教师最感欣慰的。

我总觉得，所谓的“境界”，可能是“教”不出来的，因为那是个人的生命追求；一个人如果没有精神世界的追求，教育者必然束手无策；更何况教育者自身也未必能有那样的境界。在我看来，一个人成年后的精神追求，主要还在于个人的读书和修炼。幼年时广泛的阅读，接受文化熏陶，潜移默化之中，心灵有了正义和善良的种子，在少年时，在青年时，得到了滋养，萌芽了，成了一棵长得笔直的树——除非有灾难性的砍伐，否则它不会倒下。

接受同样的教育，而土质的不同，也可能有不一样的结果。我曾看到同在一个班学习六年的学生，一度亲密无间，后来产生巨大的差异。首先在于他们观察社会的价值尺度不一样，最终形成不同的追求方向。每当听到学生之间因为考试成绩高低而出现的歧视，我都非常敏感，因为这可能正是未来社会矛盾的“基因”。比如，他会皱着眉头说：“老师，这本书是农村题材，你推荐我们看，有什么意思呢？”或者说：“我不喜欢杜甫，他的诗有股子穷酸气……”当此之际，我便感到前所未有的悲伤，因为我知道，要在短时间内改变他们，很难。

那些不管受到什么压力，都敢于正视教师的目光，那些为了保持个人意见而敢于对抗学校无理或违法的行为，甚至面对处分也无所畏惧的学生，是未来社会诚实、正直的公民。那些不管什么干扰，默默地在写诗的学生，那些敢于放弃“三好生”称号，而要诚实地保持批评权利的学生，成年后，总有些令人感奋的故事。

我最怕的是学生比教师庸俗。我说过，一个有梦想的学生遇到一群没有梦想的教师，是人生的不幸。反之，一个有梦想的老师遇上一群极其“现实”的学生，则肯定是一场灾难。我的学生中，也有过嘲笑教师教育理想的，他们心甘情愿地把自己绑在应试的战车上，接受那种没有梦想的生活。

有些学生成人后，追求他认为有价值的生活，这是可以理解的。然而，总是嫌收入低，总是想着“出人头地”，在最宝贵的青春时代，没能保持学习的习惯，没有做多少有意义的工作。在他们眼里，所有的社会问题都与自己无关，每换一个岗位，席不暇暖，又东张西望，汲汲于名利，攀附高枝。毕业十多年换了七八个地方，每个地方都留下一堆议论，他们却埋怨“活得好累”。

但我更多的安慰，是遇到那些“正常生活”的学生。他们受过大学教育，得一份普通的职业，每周辛苦上下班，收入中等，穿着打扮一般，没有任何奢侈品，也有人到中年的各种烦恼，但他们对社会，仍然保持着独立思考，有最基本的善恶观。偶尔，会有学生说：“老师，不好意思，我没什么成就，就这么平平常常的……”我说：“让你有这样的想法，可能是你还没了解我。”我感到羞愧，也许我无意间说错过什么，让学生感到不安。你的学生能凭诚实的劳动自立，操持家庭，养育子女，享受生活，成为合格的公民，这就是教育所要做的，这就是我一个教师的职业追求。

教师的目光

童年种下的梦

童年播下的种子，有朝一日会萌芽，那时，人们也许会追忆：漫长的童年，究竟是哪一天，谁帮我播下了这粒种子？

让儿童心里多装一些美好的东西，善良和友爱，诗和梦，这是童年的“底子”。未来或许有诸多不如意，但心里装满童年的梦，即使阴霾漫天，他心里总能有一片蓝天白云。如果老师课堂教学过于“现实”，灌进了很多伸手可及的“实惠”，“教室”和“集市”就没什么区别，那些梦想的种子也就无处存放了。

每个阶段各有特殊的生命价值

学生对人生目标的理解不可能是一样的。人们鼓吹“成功”、“成才”，期望“成长”，然而人们也许忘记了，学生的生命价值不一定要用这些来衡量，况且每个阶段各有其特殊的生命价值，教师不要以为教育的作用就是“加速成长”，不要一厢情愿地去“助长”。童年，应当无忧无虑，睁大眼睛尽情地欣赏世界；少年，应当纯朴率真——我甚至认为他也可以犯点不大不小的错误。有人说，教室就是犯错误的地方，有道理。我想说的是：这个年龄也是可以出点麻烦的年龄。如果中国的孩子个个循规蹈矩，按长辈们的要求努力地去做一切，包括众所周知的不正确的事，不能有自由的思想，那样的教育，能有创造性吗？是不是所有的学生都能在每个阶段“达标”才算“教得好”？教育不是办奥运，教学更不是团体操，评价学生不应该只用一把尺子。

“早教”是在“透支”

小学一年级老师对家长说：由于你的孩子幼儿园没上过“特长班”，也没上“过渡班”，所以输在起跑线上了，一开始就掉队，影响了我的教学。听到类似的批评，常有一些家长便责备幼儿园阶段“让孩子自由了”，后悔莫及。也有家长谈到，孩子上了小学，经常哭，因为“跟不上”。小学低年级课程难度能有多大？我不太明白，但小学一年级算术便要求会加减乘除，一年级要识多少字，要背多少首古诗，那二年级学什么呢？三年级做什么呢？

至少，教师要尊重规律，不能误导家长。过早的“学前教育”，预支了儿童的学习能力，剥夺了儿童的学习兴趣，儿童脑袋里过早充满无趣的“知识”，想象力必然受到限制。幼儿园不宜“上课”，国外幼教甚至不主张教识字。时下风起云涌的“特长班”、“兴趣班”，无一不是赚钱的“产业”，教师和家长要有冷静、理智的判断。

因为有趣

有个学生能说出校园里 90 种树木花卉的名称，让我感到惊讶。当年我所接受的生物学教育有限，可谓“见多识不广”，除了熟悉农作物和蔬菜，其他树木花卉往往叫不出名称。校园里不是每种植物都有说明牌，那这位学生是怎样弄清植物名称的呢？他为什么会想到去弄清，又是通过哪些途径获取了知识呢？听生物教师谈起，他能记住的“90 种树木花卉的名称”，并非教科书知识，考试也从未涉及；那位学生更关注的是文学，但不影响他对生物学的浓厚兴趣。而他感兴趣的还不止生物学知识，这就让我对他刮目相看了。在应试教育下，“不考不教，不考不学”已成为很多学校的常态，能说出校园里 90 种树木花卉名称的文科学生，太少。

学生有自己的爱好，不但生活充实，也有自信。问一学生：“最近为什么不再描中国历史地图了？”他说：弄清楚了，教科书上都是简图，我就想弄清中国历代行政区划；搞清了，就不去忙了。的确，语文、历史和地理课本上的那些“示意图”都是简图，无法满足学生的好奇心。于是他用学来的描图技术在图书馆复制了一些历史图集。他用自己的时间去解惑，以自己的能力去探索，从这个过程中获取的知识，比教科书更有用。

一份作业见品质

上课时，我拿出几本学生练习册，让大家看，质量问题，书脊封胶不牢，散开了。学生说，质量问题多呢，某科教科书有脱页，新水笔才用了一小截就不流利，面包袋上的保质期随便印，食堂饭菜规格不统一……我和学生一起感慨，如果每个人都认真一些，何至于有这些问题。“小事”，可以看出习惯和品质；只有让一丝不苟成为习惯，“品质”才能融化在生活中。

下一周的作业，绝大部分学生做得很认真，谁也不想让老师认为他是一个马马虎虎的人，谁也不想让老师认为他是那种走上社会就鬼混胡来的人。

记住那些为你劳动的人

有北大教授季羡林的一则“佳话”：有新生报到，托他代看行李，他就站在那里代看了；次日开学典礼，这名学生发现代她看行李的“老师傅”竟是副校长，顿时觉得季先生人品如何如何。这个故事广为流传。我的思考略有不同。如果替这名学生看行李的只是个普通的“老师傅”，这位学生为什么不能同样地感激不尽呢？社会文化潜移默化下，人分三六九等。曾问过学生：学校有许多工人师傅，每天为你们服务，能不能说出三五位的姓氏？绝大部分学生摇头说不知道。我对学生说，虽然你们记住了我，我仍然感到很失败；因为我早就请你们关注身边的人，而你们很多人只记住了每次考试的分数或“名次”。

不要让学生变庸俗

庸俗的价值观使一些青年学生过早社会化。1984 年，一次上鲁迅的《记念刘和珍君》，讲到刘和珍不顾生病去参加请愿，有个男生脱口而出“找死啊”，举座愕然——课堂上有这样的学生，让我“出离愤怒”。三年后再次教到这儿，我心里暗想：这回不至于了吧。没想到课堂的历史悲剧竟然重演，又有个男生说了句“找死啊”！我不得不停下来，讲了三年前的“一模一样”，讲到自己怎么像回到华老栓的茶馆里，听茶客说夏瑜的“找死”。而现在听到这样的话，我不生气了，因为这样的现实，时时刻刻在提醒我，教育不能培养“无恶意的闲人”。

学生人在课堂，身后有个影响他的“社会”。他生活在一个什么样的环境中，他们和亲友街坊共处时是怎样看这个世界的，他们对教育的认识是什么，也许教师需要知道。

现在他到了课堂上，我未必能改造他，甚至对他也产生不了什么影响，但我有责任让他知道：在这个世界上，有很多人以另一种姿态在活着，有人用生命去写诗，有人用热血浇灌理想；你也可以为吃馒头而活，但你不能践踏高尚和美丽。教育，是要让人成为合格公民，努力地让我们的学生不要去买人血馒头吃。

学校不是斗兽场

在学校里，你也能看到那些沉静的，“我和谁也不争”的学生，他们爱的是“学”，而不是“比”和“争”。争强好胜的学生，往往会把大量的时间、精力用于无聊的争夺。那些驱赶学生参加学习竞争的言论，永远无法打动冷静、理性的学生。一些教师没有智慧引导学生发现学习之美、学习之乐，却试图诱导学生“你追我赶”以制造个人教学“实绩”。这样的情形，很像竞技场边下注的赌客。我总是担心“金牌争夺战”被移用到教育界来。学校可不是斗兽场。

二十多年前的一次校运动会，跑 3000 米，到了最后两圈，学生、老师站在跑道边，齐声高喊："加油！加油！"我站在跑道另一处，对每个跑过的学生喊的是"慢慢跑，听我的，慢慢跑"。有老师学生不理解，问："你什么意思啊？"什么意思？什么意思也没有。学生健康重要，明明已经精疲力竭了，当然要放慢速度，"加"什么"油"？难道他是一台机器？一台你们可以操控的机器？我不会让学生这样去拼命，来为我的班主任工作总结增加一行字。

教师的目光

功利的教育太在意"效果"，绝对不做"无用功"，他们总是追求"急用先学，立竿见影"。有教师告诉学生："这篇文章考不到的，可以不看"、"这本教辅对考试有利，全做完"。如果总是和儿童谈"利"，他会丧失学习的趣味。如果在他迈出每一步之前都告诉他"你不能输，如果你输了，你的人生就完了"，儿童便没有梦也不想做梦。无梦的儿童，没有朋友，只有对手；没有合作，只有竞争；没有高尚的追求，只有利益；没有快乐，只有"成功"……

教学中能不能少一点功利意识呢？这一代教师的目光能不能看得稍微远一些呢？基础教育阶段，特别是在现时，所有的实践和探索都是有意义的，无所谓成功与失败；因为我们的努力，为学生多打开了一扇窗，让他的前行路上多了一抹亮色；无论经验还是教训，都是留给后来人的财富。我们所做的努力，对学生而言都会是有意义的。教育教学如果一味追求"成功"，其过程必将印上"利益"的钤记。

第二辑　课堂上究竟发生了什么

学生对课堂的期待

学生对课堂会有什么样的期待，以及他们会如何观察教师的教学，离开课堂后他们可能会有什么样的记忆，怎样预测学生对问题的反应，选择什么样的教学思路，如何照顾少数学生的情绪……一名有经验的教师，他对课堂的思考和准备，往往是教育学教科书上所没有的。

我走进教室时，他们已经坐在那里了，他们已经上了一节课，或者上了三节课，他们有些倦意。如果我的课是上午最后一节，他们会希望这节课的老师能让他们"稍稍缓口气"，或是让他们能有点快乐。我知道学生的期待，为此做过很多努力，但从没有把这些心思告诉学生；学生至少没有因为我的课而感到恐惧或疲劳，他们能正常上课。我总是想，教师不能辜负学生的期待，特别对小学生，他们刚进学校时，是把课堂当作乐园的，如果刚上了一两年就厌学，甚至希望生一场病有理由不上课，那教育对他来说已经是折磨了。

1974 年，我在农村小学当代课教师，教一、二年级"复式"，我代课一学期后，休病假的老教师回校上课，跑到公社"教育革命领导小组"汇报，说"那个知青上课给小学生讲外国故事"。告状不对，但他没冤枉我。我看到小学语文课本有一半是"语录"，一半是标语，那些字，村口墙头到处都是，根本不需要教的，这些小学生刚进学校就学阶级斗争（1975 年，还给小学生讲"评法反儒"），他们肯定觉得不如回家割草喂羊，于是给小孩子讲点寓言故事和童话，算是开蒙。那位老师认为小孩子"中过毒"，他没法教了。可是我不好意思说出的是，那些小学生听说"老师毛病好了，下学期回来上课"时，一整天不高兴，一张张脸都阴沉着。

那位老师勤勤恳恳地把学生教得希望他继续生病，这种教学有意义吗？

讲台前站着的，总得是个让学生能接受的人，课堂总要能有些学生渴望的事。除了善解人意，学生最希望老师是个“有办法”、“有经验”的人。和以前的学生聚会时，那些毕业多年的学生甚至能说出当年某节课上老师说某句话时的表情及手势，而这往往是教师在教学时所没想到的。

不同阶段的学生，对教师的课堂有不同的期待，了解这些，就知道上课能做些什么，或不必做什么了。

那么，具体到一节课上，学生有什么样的期待呢？

他希望老师不要简单地重复教科书上的话，那些内容大家早就看熟了；他希望老师能正确估计全班同学的思维能力，而不要反复用一句“这部分内容考试肯定要碰到的”来引诱或是吓唬人。

老师讲得有些快，其中有几处跳跃性较大，他听不明白；他知道，等到下课，就来不及弄明白了，他的时间很紧；他希望老师能停下两分钟，让同学们思考或是交流一下，这时他可以和同桌说说自己的疑惑，可是老师从上课一直讲到下课，半分钟也没停——有人把这叫做“紧凑”。

时间过得太慢，学生不断看表。过于抽象的概念使他感到枯燥无味，昏昏欲睡，他希望老师的语言能生动一些，能不能举个形象一些的例子？还有，能不能适时地问一声：“同学们有问题吗？”

这个题目的解法只有两种吗？我昨晚想到的那个办法老师没提到，我很希望和大家交流一下自己的思路，也想得到老师的首肯。但老师似乎并不想引发课堂讨论；算了，不让他为难了……

有一次看到某班学生的随笔，学生写一星期的感受：“星期四，是比较愉快的一天，这天上午有两节语文课，加上课间，我们将和某老师共度两个小时，而且，在这之前有盼望、等待，在这之后还有回味……”当然，也会有学生对某门课的教学感到厌烦，他写道：“每次总有人忘了带课本，于是上课前三五分钟，都得听某老师的‘习惯性训斥’……”

我说过，课堂应当有沉思，也可以有笑声。我的意思是课堂应当有不同一般的思维活动，要引导学生发现趣味。听前辈教师说起当年的“国文课”，凡是没有“启思导疑”意识的教师，凡是缺乏语言幽默感的教师，课堂总是很沉闷，他的课总是很“平”，学生对其教学往往也就没有印象或记忆。听一位教师讲《湖心亭看雪》，那么有情调的小品，被他肢解成一堆“实词”、“虚词”、“省略句”、“疑问句”，他的鉴赏力还不如有阅读积累的学生。如果他的学生听过或看过高人讲解《湖心亭看雪》，肯定能比出高低，从此便要在他的课上打瞌睡。

同事们说，不仅语文课，所有的课，数学课、物理课、化学课、生物课、地理课、政治课……都可以很轻松，都能够有笑声。因为这是“教学”，是人与人之间的沟通，是老师和学生在一起活动，如果你无视学生的期待，那你很可能是在“白讲”。

有些老师，只需缓缓地在讲台边站定，学生便肃然起敬，那样的老师，思虑深邃，有意志力，像精神标杆，只要他们在教室里，所有的太阳都会苏醒。

课堂上究竟发生了什么

曾有人访问，想了解我在教学方面有什么“建树”，那意思像是觉得，从教多年，应当有一套特别的“某某教学法”，或是在学科研究方面有独到发现。我则总是疑惑：作为教师，能依据教育教学的常识去做，就不错了，我能有什么“建树”？退休后，有时间细细想一些问题，比如，教师生命中那么多时间在课堂上度过，课堂上究竟发生了什么？教师是否真的明白自己在做什么？

之所以提这个问题，是因为不仅当今社会，就连教育界，也有很多人至今不知道教师是怎样上课的，教什么，为什么要教，怎样教，等等。专家、教授及官员来考察、指导，听了课后总要高谈阔论或是“发表一点不成熟的意见”，却往往不知道老师为什么要那样教，因为他们考虑问题的出发点往往和教师不太一样。

我之所以一直能对课堂保持兴趣，是在从教之初便发现：我每天所面对的具体问题，多数，或绝大多数，是教育学教科书上没有的，也是师范“教学法”中没提及的。站在讲台边多多思考，就有可能认识到，教育教学观念的不同，其实是对教育的理解不同；一些人从教多年，仍然不知教育为何事何物，他们也许一直没弄清教育作为“事业”，和其他事业有什么不同。而只有站在讲台边，面对学生，你才会知道自己有多重要。

上课时，学生读书，有时我会走到教室后面，站在他们后面，朝讲台看，想象着他们看到我的样子。他们希望看到一个活生生的人，他们希望这个人有恒心，有修养，有智慧，面对困难有更多的办法，他们能有依靠，并逐渐成为像这个人一样的人。他们很想和这个人交朋友，他们每天到教室来，就是想从他这里得到新奇，得到惊喜；下课了，他们走出教室时，脑子里开始思考新的有趣的问题。合格的教师根本不会把课堂当作什么战场，当然也不屑于把课堂当作考场。课堂是生成智慧、陶冶情感的园地，每个人都在这里耕耘，包括教师。我说过，最大的快乐，是和学生一同学习，我这几十年对教育的认识或感悟，很多是在课堂上从学生那里获得的：我在教他们的同时，自己受到更多的启示。我比以前聪明了一些，这也是我在离开学校后仍然怀念课堂的原因之一。

教育要“立人”，学生在课堂上的“样子”，很可能就是未来在社会上的“样子”；我甚至想到，就人生而言，学校和课堂也许是人与人关系的最高境界了。童年、少年、青年，会发生多少难忘的事！这也正是很多成人怀念学校的原因，不管是小学、中学还是大学。

但我并不介意人们是否都能明白“课堂上究竟发生了什么”，这毕竟是教师专业内的思考。

有专家到中学听完课发表评论，说这位老师课上有个提问水平极低，根本没有必要问的；前排那个男生的回答水平也不高，但这位老师竟然有些夸张地表扬了他，不可思议。于是专家告诫：课堂提问要讲究效率，举一反三；教师备课时要多思考，要吃透文本；上课要讲究一点教学艺术……

我不认同专家的意见。我不太了解这个班的情况，但我能以个人经验去判断，这位教学素养很高的老师问了一个看似多余的问题，也许有她的道理。这节课上究竟发生了什么，她比我们清楚。也许，这个班的阅读水平有差异，有些同学学习比较吃力，他们不太指望在公开课上有发言机会；也许，前排那位小个儿男生还有点自卑，他的语文学习有困难，他很想能学得好一些，他非常想能有机会来表达自己的见解，但大多数问题他感到困难，他不敢举手。而讲台边是个“心中有人”的老师，这段时间，她在观察前排这个学生。她知道，这个班上，有几个同学需要一些“够得着”的提问，他们等待很久了，要想方设法给他们机会。今天这节课上，她看到前排这位男生专注的目光了，她想到也许他在等呢。是时候了，于是，她随机多问了一个相对比较容易的问题。

结果太棒了，那位前排男生回答出来了！她微笑着表扬了他，这可是他第一次准确而有创意地回答问题啊！这个随机的提问是否会影响到专家组对她的教学评价，会扣她几分，她才不管呢，她只知道要鼓励这个学生，不能让他丧失学习的信心。

就这么简单吗？故事可能还没完呢。课还在上，那个前排男生坐在那里，他有些激动：他第一次敢于举手发言，而且是在老师的公开课上啊！回到家，他迫不及待地把课上的经历告诉了爸爸妈妈，爸爸妈妈喜形于色，世上还有比这更开心的事吗？母亲悄悄背过脸，拭去泪花，只要鼓励孩子努力，就会有进步的，会有的。

真幸运，两星期以来，这个前排男生在数学课上，在外语课上，都引起了老师的关注，他几次得到这样的机会，他对学习的兴趣得以保持。渐渐地，他开始能回答一些有难度的问题了……

仅仅回答了一个几乎没有难度的问题，会影响同学们对他的评价吗？不会。同学们了解自己的老师，他们相信她，认为她做的事都是有道理的。在她的课堂熏陶下，学生不仅学了语文，也变得善良、友爱，他们比那些功利的教师更明白“同窗”的意义，所以他们不认为老师浪费了时间，而知道这就是“学习”。我在课堂上经常看到，当有学生回答不出问题时，同学们（特别是他的“死党”）是多么的焦急——这些，坐在教室后面听课的专家们看不到。

或许会有人质疑：在一节课上，用两分钟时间，问一个可有可无的问题，请一名水准不高的学生回答，这对其他学生来说，是不是不太公平？这是不是一种教学的损失呢？

也许他不知道，这两分钟对那名前排男生来说非常重要，他因此又找回了学习的自信，而对其他同学来说，同样有学习价值。在一个正常的教学群体中，未必有什么“学习竞争”，更多的是友情与合作。同学们也许早就发现老师有这种“兼顾”的习惯，他们看到了教师能平等对人，知道这也是值得学习的情感、态度、价值观，要重视的是“人”。

我不认为这是什么“损失”。旅行者经常地停下来等待掉队的伙伴，也常有成百上千的人全力寻找一名失踪者。你如果看《拯救大兵瑞恩》时落过泪，那你同样应当想到：为了一名学生的进步，这位老师和全班同学停下来等了两分钟，仅仅两分钟。

这样的故事，每天都在课堂上发生。

起始课怎么上

我们习惯把新生入学的第一课称为起始课，有时也把升入新年级第一课称为起始课。

多数教师很重视起始课，因为这是师生相识的第一节课，彼此都希望留下较好的印象；同时，教师要借这个机会讲述学科学习要领，谈谈对学生的期望。教师会借起始课观察学生短长，而学生也会在起始课上观察老师。一个人观察几十个学生，未必看得仔细，而学生则是一对一地观察你；学生还有比较和参照，把你和以前接触过的教师，以及见过的各种人放在一起比较。

又一个学习阶段开始了。作为学生，他在期待什么？他原先对这门课兴趣不足，先前教这门课的老师非但缺乏魅力，而且不够专业，一个学期不到，就把学生的学习热情扫荡一空；学生听那位老师的课，几乎“熬”了三年；考上高中，到了这所学校，他仍然没有选择权，如果不幸又遇上个索然无味的，又得熬三年，从此这门课就成了他的心病。这种可能性不但存在，而且概率不低。

起始课怎么上，从无定规。能不能进一步开拓学生对本学科的认识，能不能调动一下学生参与讨论的兴致，能不能介绍一些学长的学习心得，还有，能不能稍微说说教训，等等，都在考虑范围内。起始课不必一味强调自己教学的严格。相比而言，新生更崇敬的是聪明人，而未必是考高分的学生，也未必是“严师”。经过了一些考试和“选拔”，他可能已有这样的经验：分数未必能说明一切。一个善于学习的聪明人站在讲台前，则令人有一种莫名的兴奋。

无论如何，不要在起始课上向学生提过高要求，因为还没开始上课，你提的任何要求，他不会有感性认识；你不停地强调自己的教学如何严格，唯一作用无非是吓唬他，让他对你感到恐惧。如果你试图用这样的“下马威”作为见面礼，让他从此乖乖地跟你学，那你作为教师，精神已经走向没落了：你只有权力而没有魅力。第一次见面印象不佳，以后想要挽回，则要付极大的代价。

多次听说这样的事，接手小学一年级新班，任课老师第一节课就忙不迭地“摸底”，用张试卷测试学生算术，有些小学生没有读过所谓“学前辅导班”，识字不多，第一天就遭遇教师冷眼，第二个星期就被任课老师贴上“中等偏下”的标签。高中新生入学十多天，情绪也会一落千丈：数理化三门课，总会有一两门的“检测”考得一塌糊涂，让他第一次领教“不及格”的滋味儿。有些班均分不及格，物理、化学只有三四十分。学生经历中考，感觉再差，也不至于如此。原来，有些学校看到学生熬过中考，进校兴奋，就寻思要警告学生不能松懈，立个名目整整学生，比如“摸底检测”、“学力测试”，等等，办法也很简单：出份难度大的试卷，不给足够时间，必定要让三分之二以上的人不及格，非此不足以“震慑”学生。我不止一次地看到，高一新生在第二周就神情沮丧，哭哭啼啼，十有八九是吃了数理化老师的“下马威”、“杀威棒”。一个班，“摸底考试”，动不动均分三四十分，教师以为目的达到了，但这种无聊的考试，恰恰暴露了教师的素养低下，这种职业趣味以学生为敌人，建立在对专业教学的无知之上，不可取。

预习：学习已经开始

有预习习惯的学生，自学能力普遍比较强。因为能想到预习，说明他有了“学的自觉”。十多年前，有位学生对我说，他暑假中借来高二化学教材，通看一遍。问他为什么要这样做，他说不为什么，从小学起他就“通看下学期课本”，“想知道下学期有什么好玩的课”。后来向化学老师了解这位学生的学习情况，化学老师说：“成绩中上，但他没花什么力气。”我认为这位学生也很“合算”：他只是在假期中预习，“通看”了课本，就节约了很多时间，可以去做他感兴趣的事了。我和学生谈预习的好处，说：“如果预习过了，上课分个神就不要紧了。”学生点头称是，他们有类似的经验。

语文教学文本，现代文一般两三千字，如果课前学生能阅读，了解文本内容，上课时师生都会感到轻松。如果学生对自己要求较高或是思维能力强一些，能在阅读中发现难点、疑点，能有些自己的思考，那就是“有自学能力”了，几乎达到了“不需要教”。在这种状态下，教师上课即能进入正题，带领学生全面感知，只需用一两个问题就能引发学生深入思考，或研读或探讨。学古文，如果课前学生能读几遍（其实用不了多少时间），“连猜带蒙”，尽量“读通”，上课时只要用点时间解决字词疑难，就能接触学习重点，研读分析，“说好处，看门道”了。课前能“读通”，会查工具书，能积累一些经验，越读越快，“文言文”何难之有？

然而课堂情况往往不是这样，直到退休，我也很少见到全班都按要求预习文本。无论怎样强调，总有约三分之一的学生，课本上没有任何阅读过的记号。高中学生，学习习惯不好，即使强制，也很难转变了。无论用什么方式招生选拔，也不可能让学生的学习习惯统在一个水平线上。对这一点，教师应心中有数。我在从教很长一段时间之后，才逐渐醒悟：习惯比智力更重要。学习习惯一定要在早期培养，越迟越难。学生学力有差距，同一种教学要求，不可能全面落实到每个人的学习中；而且,不同学科对学生习惯的培养,宜保持相对的统一。学生的预习习惯，对所有学科都需要，不大可能只出现在一两个学科的学习要求中。我从这个角度观察学生的学习能力和学习习惯，常常有所发现。

学生的“预习”，差异很大。有的学生习惯很好，他有好奇心，他总想知道在下面两个月将要学些什么，可能会面对什么样的新问题。学期伊始，新书发下，没等到上课，他就把它通看一遍，而且勾画出疑点、难点。老师上课，他同步检验自己先前的判断，并延伸思考，甚至想点别的事，开个小差。如果听到新奇的，他没有预见、预想的问题，才会引起他的注意，他的思维常能走在一般人前面。

有些学生底子好，有悟性，临上课前，见老师瞄了他一眼，赶紧打开书扫一遍，到时也能对付老师的抽查；有的古文基础较好，抽查到他，让他串解，他用手指按在最难的那条注释上，从容地用自己的话适当改造一下，“大差不差”，教学经验不足的青年教师便容易上当，以为他“预习”了。

学生不预习的原因不一。有的是各科作业多，协调不好；有的则是厌倦学习，得过且过，期望值不高；有的则是没有好奇心，考试、测验也吓不倒他。这中间也有教师的因素，有些教师不主张预习，担心学生知道了“例子”，上课不听，也有教师希望学生上课时能享受“教学设计演出”，做有新鲜感的观众。

一些同行没有考虑到预习在习惯培养和思维发展中的作用，而仅仅是为了上好自己的课。也有教师在上公开课或示范课时，才会特别关照学生“预习”，以“配合老师上课”，否则他的一节课是不可能完成任务的。

了解自己将要去做的事，预想可能会发生的事，思考可以应对的策略，“如果怎么样，那就如何办”；很多有经验的成年人，未必很有智慧，而是他对即将发生的事能做出预测并做好准备——物质的，精神的。

其实，旧观念一直在作祟，干扰教学。为什么非要认为学生只有在课堂上才会学习？为什么一定要把“正式的学习”放在课堂上？为什么会认为学生只能“从师而学”？所谓预习，很大程度上已经是自学行为，这种自学比课堂教学更有效，因为它是一种自觉。学生“预习”时，学习已经开始。要信任学生，不要以为他们不可能通过“自学”解决问题，课堂教学只不过是条“基准线”，教师依照一定的程式完成教学过程，而真正能让学生铭记在心的，是他个人的学习体验。

作业格式要规范

既是“作业”，不管文科理科，都得讲格式规范。规范是为培养良好习惯，规范是学习活动的基本保障，规范不是对人思维的限制，不会扼杀人的创造性。我对学生说：道理很简单，篮球场足球场，都得有“边线”；学校上课下课，必须有统一信号；你的本事大，也得讲规则，至多“擦边、踩点”，因为这是“学校”；课外的时间多呢，你想创新，有属于你个人的时间和空间。

作业格式的规范，会长时间影响他，形成一些好习惯，他可能因此明白，“规范”是他融入社会的通行证，是行为底线。教师不要空谈，第一次课堂作业前，强调、演示一下，效果会比较好。学生交来的作业不规范，格式乱，涂改多，可以扣分，并指导他订正；屡教不改，要批评，评价时要作为缺点郑重指出，不能让学生养成“随意”的不良习惯。

学生来自不同的学校，原先的教师要求和执行力度有差异。小学、初中作业时养成的不良习惯，一般很难纠正；为了纠正，付的代价太大，效果未必好。作业规范，宜尽早告诫学生，讲清道理，使之逐渐变为自觉；靠强制压服，作用有限，甚至适得其反。教师也需要知道，不该管的不要多管，有些事可以关注，但不能强行干预。顺便说一下，专家曾说，小学生写字“左撇子”，如果家长和老师强行纠正，有可能造成儿童口吃；又如，儿童上课时头向左向右偏，不要看成性格倔强，很可能是颈椎或视力有问题。教师要尽可能了解每个学生的具体情况。

作业规范的作用不止于作业本身，它是在培育一种态度，培养一种行为规则，而这种规范将影响一生。我们常看到所谓的“不按常理出牌”，未必尽是创新，而是双刃剑，有可能自伤并伤人。更多情况下，社会文明需要规范，经济发展需要规范，创新也需要规范做保障。这类意识，可能源于童年时的“作业规范”。

有个男生，写字特小，一个字只占稿纸格子的八分之一，看他的作业，非常吃力。为什么会有这样的坏习惯呢？十年了，真的没有老师批评过他吗？可他不认为是坏习惯，甚至认为这样“省劲”、“写得快”。我告诉他，你的作业会为难老师的，他不以为意。他一直这样做作业，教过他的老师，过了一些年提起他，都会皱眉头，都无法理解他。少年时代的固执，在未来会成为偏执，坏习惯给个人、给社会都将造成损失。

我的一位老同事不准学生在作业本上使用涂改液，只准用橡皮擦，而且不准擦破。问他是不是怕气味污染，他说不是，是一些学生的作业使用涂改液过多，“像一口米饭喷在纸上”，极其难看；允许使用涂改液，学生下笔更不认真；为纠正不良习惯，不得不采取强制措施，只准用橡皮擦，而且得擦干净，逼使学生写作业时下笔慎重。他这样做，学生开始认真对待作业，先思后写，卷面整洁，错误率下降了。中学阶段，可能是习惯养成的最后阶段，不良习惯如不在这一阶段纠正，以后会付出更大的代价。

成人世界法治意识的淡漠，往往和少年时代“马马虎虎过得去”、“这也行，那也不错”有密切关系。有人认为“一是一，二是二”的规范，限制了人的灵活性，可是那些“灵活性”会让一个民族丧失社会意识，变成一盘散沙。有关德国人“规范”的传说很多，有些被夸大，说成是谨慎、刻板，可是近几个世纪，他们在哲学和科学技术方面的巨大成就，令讲究“和”，流行“大概、也许、差不多”的社会难望其项背。

我一直对学生说，我的课，作业并不多，但我希望你认真完成，如果现在马马虎虎，以后什么事也认真不起来。

未必都要“当堂”

“当堂讲，当堂练，当堂评”，小学低年级、中年级教学常用此法，因为教学内容不复杂，用时短，一课一得，有趣味，学生学得比较轻松。但并非所有学科和所有学习年段都可以套用此法，不懂因时而化，不利于学生学习能力的发展。之所以要谈这个问题，是听到有些专家评课时，仍然认为中小学各科教学都要贯彻“当堂解决”，而相当多的专家不清楚中小学一节课是多少分钟。

听过几次中学的“当堂讲，当堂练，当堂评”的作文课，程序走完了，急急忙忙的，效果都不太好。学生都知道今天这节课有三个程序，他必须“跟着走”，在每个环节不能落后，否则他完不成任务，“老师也完不成任务”。学生熟悉了这个程式，“学”的趣味有限，只能满足于“完成”。

教师“当堂讲”时，学生认真地听，因为他知道，“下面就轮到我们‘练’了”；学生“当堂练”时，老师一直在教室里走来走去，不断地俯身启发学生，甚至提高声音提醒全体学生注意某个要点。我觉得，他还是在“走程序”，他的课，是上给听课教师看的。既然让学生“练”，教师就不要说话，你不停地说，是干扰学生思维。偶尔有一回，觉得这种课好像真有点效果，学生还真的“练”出一段描写了，当堂请学生读自己写的片段，讲评也有创意，可是该校陪听课的一位老师嘀咕：“怎么又抽到这个学生？”

小作文“当堂讲，当堂练，当堂评”，处在模仿阶段的低年级，尚有道理可说，到了中学，特别是高中，也用这个办法，未必妥当。而且“当堂讲，当堂练，当堂评”，环节不可能不预设，课堂上只要有一个环节不如愿，时间来不及，也就“评”不起来了。有小学名师借班上示范课，当堂讲，当堂练，每人写两百字一段话——小学生的两百字，从选材、构思到表达，没有半节课是不可能的，然而，开始“练”时，他只剩下18分钟了。在还剩5分钟时，绝大部分学生没写好。看着演不下去了，名师走到台前，对台下1000名来“取经”的老师说：“这节课来不及了，我把我的设计告诉大家：学生的写作可能会有如下问题……我针对这些问题，打算这样讲，一共三点……”——当他站在台前手持话筒对听众做介绍时，台上几十个小学生也纷纷放下了笔，听这个名师“亮底牌”。真不明白这样的课在“示范”什么，更不明白老师们如何跟他学。这一回也就这么演了，换个场子，仍然会上这个“当堂讲，当堂练，当堂评”。这种简单化的教学模式，只要试几次，有点反思，就能发现不足之处，为什么不动动脑筋呢？

写作公开课不太好上，所以，一些老师想学这个“当堂讲，当堂练，当堂评”，以对付教学检查与评比。写作课就得让学生写，但哪个老师敢让学生整节课写作，把听课人晾在教室后面？我从没在公开课上看到老师不加干扰地让学生平静地写作，毕竟，后面坐了一排人，这些人是来“听”的，不是来静坐发呆气的。但我也奇怪：你们为什么非要来“听”？

教师常常为了听课人而“指导”和“讲评”。通过指导与讲评，能让听课人了解教学要求和教师的思路，看出教师教学方法与技巧，看到教师的智慧。然而，因为这种一切要“当堂”的考虑，学生的“学”反而被忽略了。

“当堂讲，当堂练，当堂评”易流于形式，而传统的“上周写，隔周讲”也有麻烦：由于课业繁重，一些学生已不记得上次作文自己写了什么，是怎样写的。作文讲评一般是针对“上一次”的作文，而高中的“上一次”往往发生在两星期前，当堂布置当堂交，学生急匆匆写完，当时为什么这样构思，为什么写出那几句话的，忘得一干二净。早些年有过这样的事，我说：“某同学，你愿意读一下自己的作文吗？”学生惊异地站起来，指着自己，说：“我？老师，对不起，我的作文好像还没交呢！”全班大笑——他忘了，他不但交了，而且写得还不错。毕竟离上次作文十多天了，学生作业多，他是怎样把作文“糊”出来的，自己记不清了；他连当时的写作体验也忘记了，即使写得不错，意义也很有限。

作文与讲评时间间距长，讲评效果不好。这类现象促使我后来加快作文批改速度，重视讲评，缩短两次作文间距时间。如果有可能，让学生慢慢写，然后尽快改出，在他的作文印象尚未被时间冲淡时，就能听到教师的评价和指导。比如，星期一的作文，最迟星期五讲评，这不算难。我最快时，第一天的作文，当天改完，第二天就讲评，并指导修改。我愿意向同行介绍这样的办法，并坦率地承认，我实在没法为了让别人参观而把这个过程压缩成“当堂讲，当堂练，当堂评”，教师出洋相，事小，贻害学生，误导同行，那就说不过去了。

不止语文，其他科目也未必都要“当堂”。

该“告知”的不能不说

这节课要学些什么呢？可以告知学生，也可以让学生在课堂自己体会。“告知”或“不告知”，视具体情况而定，我不认为这是什么不得了的教学禁忌。

学生通过阅读，了解学习内容，潜移默化，形成见解，形成经验，无疑是学习之常理。但有时，只能“告知”，因为如今的课堂一直受种种不良信息影响，在学生受到过多干扰时，如果不及时告知，学生也许永远没有机会了解，而停留在“不明真相”的境地。并非所有学生都需要告知，很多学生有自己的阅读世界；同样，也有学生，在教科书和教辅以外，从不读一本书，他没有思考习惯——你不可能在三年教学中指望“启蒙”，他莫名其妙地轻视一个学科，甚至也不想了解这个学科内容。这时，教师能适当告知，让他不至于傻里傻气地走上社会，未必是坏事。故而我不想笼统地反对告知。

我认为，在课堂教学中，花这么七八分钟讲一些知识，值得。当然，前提是你必须“会讲”。为了“会讲”，教师的阅读就不能仅仅局限在几本“应试必读”上了。

我的学生对教科书的兴趣有限，他们和全国的七八百万高中生一样在使用这套教科书，在几乎同一时间阅读同一学习材料，这个在我们中国称作“教学”。同质化的教学缺乏创造力，它只是按部就班的程序式灌输，不可能激发学生的兴趣，也不可能培育学生的创造力。

教科书同时为几百万人使用，体现的是教育的“基准”，而很难容纳这个世界的丰富多彩。教师要拓展学生的视野，引导之外，有些知识也可以适当告知。比如，我读过爱因斯坦的一些论述，他的见解显然要比教科书“这个单元”的内容更有智慧，更有震撼力。于是我补充了十分钟的阅读，让学生参考爱因斯坦的几段话。学生因此对这个单元的印象有了新的认识：“那个”是一般人都要达到的，而“这个”比一般人知道得更多，站得更高。他由此可能会发现：教科书之外，有辽阔的天地，自由阅读才能呼吸到自由的空气。

1998年之前的教科书中有邓小平的《讲讲实事求是》，放在议论文单元，只能强说，极可能让学生误读，得出错误结论。当年的社会条件下，教师不太可能让学生“自主、合作、探究”。一课时，让他们学习“论据”和“论证”，学生有可能会糊涂，或者发出“为什么他可以这样写，我们不能这样写”的疑问。为了不让学生感到困惑，教师要做变通，可以启发学生思考注释中有关讲话时间的说明，然后结合政治知识，让学生了解课文内容的时代背景，懂得“阅读历史文献要考察当时的环境”，明白“政治家的智慧”，记住这两点，就行了。不要让他们在稀里糊涂的探究中留下对“论说”的错误认识，而通过“告知”让他记住一些必要的经验。对任何文本，都不要轻易放弃，要改变的，是教学观念和教学手段。

教师的阅读见解，作为“师”的经验与教训，如果不在教学中利用，非常可惜。有时我想，课堂上有“告知”，可以避免学生用大量时间在黑暗中摸索，付不必要的代价；教师可以提醒学生注意某方面的知识，关注某种可能。无数的前车之鉴，未必都需要学生一一去证实。

对中国社会软文化中“不听”、“不说”、“不问”、“不提”、“不考”、“淡化”、“遗忘”，等等，我认为，这些主张不可能培养出有独立判断的人，也难以发展民族的创新精神。为了解惑，我几乎用了半生的精力努力去寻找事实真相，而那些本不过是知识、常识，这个世界上另一些地方的人从小就能从教科书上获得。属于社会和历史的知识，国家、社会和学校，都不该向青少年隐瞒；只准许学一种知识与不准学习的后果是一样的。要让学生能自由阅读，要让他们能提出问题并探讨问题，否则，教育将是无用的。

讲什么 怎样讲

会见二十多年前的学生，说起中学的课，有位学生说，当年老师上课时说南霁云的“将以有为也”，到现在记忆犹新。我也记得，只要上到《指南录后序》，我总会说说这句话的出处，因为当时教材语焉不详；如果时间有限，则大致介绍南霁云事略，如果时间宽裕，则把韩愈的《张中丞传后叙》有关南霁云的内容读一遍。我总是不放过这样的机会，引导学生去关注历史上那些舍生取义、慷慨赴死的人，让他们知道，我们中国，是有很多男子汉的。我记得，每当我说这些时，学生都很专注。当然，我未必知道，他们中间会有这么多人，长久地记住了南霁云这个名字。

《五人墓碑记》是传统课文，我上过二三十次，也听过一些老师的课，还看过各种教案。这篇课文到底该教些什么呢？曾听一位老师上《五人墓碑记》，第二课时，他仍然在“串解”上下了不少功夫，可谓“字字落实，句句落实”，完了还问学生“有没有什么不懂的”。学生翻译一遍，再集体读了两遍，剩下一点时间，教师把重点句子做了一些解说，谈了“匹夫有重于社稷”的“意义”——下课了。

开课老师很谦虚，希望“留下宝贵意见”。这节课乏善可陈，他的学生可能已习惯这样，而人到中年，教师本人也轻车熟路了。我只是说：“要是能让学生了解一下文章背景，可能会更好一些”，“虚词、实词及语法现象，没有那么重要，可以留给学生自己去领悟”。老师解释道：“这篇文章，每次考试都会考到的。”

于是我就很难再说什么。因为总是要考这些死知识，教师反复教这些死知识，稍稍作点拓展，往深处开掘，便捉襟见肘了。经典作品的教学，有时需要跳出文本，把作品放在历史文化的大背景下，引导学生去观察，以期获取更有价值的思考。

《五人墓碑记》的故事发生在什么样的背景下，明朝末年社会政治和经济的大致情况，党争与人心向背，江南地区民情，作者张溥何许人也，等等，如果学生能大致了解，经过学习和思考，《五人墓碑记》的经典意义就有可能让学生深深铭记。他就有可能联想到初中所学过的孟子的"民本"，想到"人皆可为尧舜"，想到"位卑未敢忘忧国"；同时，他会从这里具体地想到"风声雨声读书声声声入耳，家事国事天下事事事关心"，想到读书人和社会进步的关系，想到他们的主张和底层民众的血肉联系；同时，他对《五人墓碑记》的认识，多了一组直接的可歌可泣的历史人物形象，他甚至有可能用同样的办法去阅读其他史传。至于那些"虚词、实词及语法现象"，本来就不是张溥要告诉世人的。"考什么就教什么，教什么就糟蹋什么"，果真要考那些可有可无的知识，学生依据那铺天盖地而来的"教辅"足以应付，肢解经典，变作一道道死板的知识题，暴殄天物也。

高中教科书有《指南录后序》，课改后几种版本仍保留。以前统编本要求背诵第四段，好像没有什么道理，但不能不背。背了有什么用？无非是体会作者诉说的艰难。二十多年前高考，有老师问，既然要求背诵，命题会不会考这一段的默写？我说不会，全国统考，这一段中这么多江苏地名，命题人哪里会让江苏学生讨便宜！但我们仍然按规定要求学生背诵。多年前有一次让学生集体背诵，学生背到"死"字，有人用力吐字，带动全班来劲，22 个"死"，读到那最后，大家哄笑起来——经典的魅力竟这样被笑声消解。怪学生吗？我问过学生，文天祥的九死一生，显示了坚贞不屈的气节，怎么你们一点不为所动？——我提问时，没什么底气，因为我也没有十分在意这 22 个"死"。比之百姓遭受的苦难，文天祥这一路逃亡真不算什么，而且他把尚未发生的情况也算在内，他写的那些危险，非但在关羽、张飞、赵云那里不值一提，在命如草芥的乱世小民，也是寻常事。然而为什么他要那样大书特书呢？教材和教参上都没有提及。这时，就要看教师如何处理。教师有必要，也应当想到对学生说清楚：这是个先前养尊处优的文人，货真价实的状元（全国只能有一名，不似如今遍地的“高考状元”），遭遇这些苦痛，已经很难为他了；纵然他有必死之志，但他何曾吃过那些苦头？而文天祥此后经历的苦难，又远甚于此，很多读者竟不甚了了。谈谈这些，岂不是很有必要么？知道了他先前过得有多悠闲、舒服，才可能深刻体会他那《过零丁洋》是何等的襟抱，他的一死，是何等的壮烈了。

学生在课堂上知道了人物活动的背景，看到了一个人和他的时代，他因此而发现了文章的趣味，知道为什么历久弥新，他也并未因此认为知识是无趣的。

教师为什么要接受“继续教育”，乃是因为我们的知识是有限的，而且随着社会的发展，随着教学工作的不断变化，教师必须不断地提高专业技能，多读书，建构个人的知识体系。中小学教师，懂得越多越好，因为和他生活在一起的学生，想变得有智慧，他们什么都想知道。一位有经验的老师，会把立在讲台前当作享受，他有能力、有信心与任何学生交流。

学生对1978年以后的“改革开放”是怎样认识的？为什么学生对政治学科的相关内容理解会感到吃力？他缺乏时代体验，也没有阅读积累。20世纪80年代，学生能深刻地感受“改革开放”——在校园里能否穿牛仔裤都需要讨论，影片有接吻镜头都要删除的时代，学生亲身感受观念的碰撞，感受洪波涌起的变革，教科书上的“改革开放”，父亲在单位领到了被视为资本主义社会才有的“奖金”，母亲告诉他，“买饼干不收粮票了”，有可能取消“肉票”、“蛋票”了……种种变化一同涌过来，他在政治课上通过教科书接受的信息，远远不如他在生活中感受的强烈。那时的课堂教学，有多少活生生的教材！知人论世的能力，用简单的应试教学很难培养出来。

但是，生于改革开放年代的学生，不知道改革开放之前的社会状况，他没有任何感性认识，而教科书上没告诉他“文革”是怎么回事，他自然很难理解“改革开放”的意义，如果他遇上一名同样靠背教科书上完大学的教师，他也只能死记硬背了。

在具体的教学中，教师不仅要关注课堂，也必须引导学生对“课外”的社会保持关注，要让学生对社会历史文化保持兴趣，有个人的思考，并在社会生活中有个人的立场，否则，我们的课堂很容易造成思想的空白——无须等到毕业离开学校，下课离开教室，所学的东西就无用了。花了大量的时间，学了无用的东西，造成对学习的厌倦，形成新一代的“读书无用论”，应试教学的弊端主要体现在这些具体的环节上。

能否引导学生掌握一定的思想方法，有没有可能让他们变得聪明一些？教师上课时，一定要明白自己该讲什么、怎样讲。

为什么要停下来打个岔

课堂上，中小学生的持续注意力一般不会超过30分钟。不管什么科目，上到二十多分钟时，学生一般会感到疲劳，注意力有可能分散，这时，教师会怎么办？我上小学时，老师常用教鞭敲我们的课桌，让人心惊肉跳——因为太枯燥了，感到乏味了，因为肚子饿，听不进去了。同学们喜欢上图画课（那时不叫“美术课”）的范老师，我们的图画水平不高，但都喜欢范老师。他是个见多识广的人，抗战期间从江苏流亡西南，经历丰富。他上课讲到一半，会打岔，我们特别喜欢听他的“打岔”，我到现在还记得他讲嘉陵江边的船夫，讲深山里的猎人，讲飞虎队的飞机在土跑道上摇摇晃晃地上天……一个背着画夹的青年在战火中流浪，范老师的故事真多，他记忆中的画面更多。我因此没有上好“图画课”吗？没有，我至今保持着对“图画”的兴趣。他是我读书阶段唯一记住的美术教师，他所有的故事都有画面。——我到很迟才反应过来，那些上课“打岔”的教师不是饶舌，很可能是想让我们重新“注意”。

用教鞭敲桌子来惊醒学生，是常见方式；也有老师在课堂上高喊一声“注意！注意！”“精力集中！不要开小差！”“某某某，你在想什么？”“某某某，站起来，我刚才讲什么的？”……于是学生得了教训，不敢不注意了。可是，这节课不敢分神，也没听进什么。

春天，下午第一节课，多困啊，要是能睡一分钟——不，哪怕半分钟也行啊。可是老师目光盯上你了，你不敢不坐正，不得不努力地记他的话，虽然你对那些话完全没兴趣。这样学习，就是受苦受罪了。高中生有高考压迫，面对枯燥的教学，不专注不行；低年级学生或小学生就难办，很少有不分神的。学生说，即使老师的课精彩，仍然有可能分神，老师的教学可能会诱发学生联想；而有些科目的教学内容则本来就没有吸引力，更不用说有些课堂气氛沉闷了。

实行严格的学习训练，强制学生注意，也许会有些作用；如果考虑学生的生理、心理特点，教师应当有更多的办法。那些受学生欢迎的教师，他们的课堂空间远远不是那几十平方米，他们能深入浅出地解说教学内容，注意让学生发现趣味，启发他们积极思维，导出他们的疑问，让他们形象地感知学习内容，引发他们的联想和推导的兴趣，而不是简单地让他们“听”和“记”。在学生的疲劳感即将出现时，老师像是不经意地打了个岔，吸引了学生的注意，气氛有些活跃了，然后不动声色巧妙地导回教学内容上来。

教师请学生回答提问，完了之后夸一句：“嘿，你今天真精神！”今天的他究竟有多“精神”？为什么老师会表扬他“真精神”？那些注意力分散的同学都想看看，于是也关注刚才的问题了。发现学生有些分神了，老师的语速忽然慢了下来，也会让课堂里很多学生专注起来；有时，教师偶尔沉默，思考下一句话该怎样表达，教室里也会一下子静下去，因为学生开始关注老师的状态。总之，上课不能“一平到底”。只是老师尽量不要说错，说错话引起学生注意，也有麻烦。

用硬办法逼使学生注意力集中，会让学生疲劳不堪。人的精力有限。有教师不主张用“打岔”或其他方法引导学生，他们认为“学习就得专注，不聚精会神，学不好”。那么，让老师们审视一下自己吧：你能专注地听完一场报告吗？学校开会，或是集中听讲座，大家都喜欢往会场后面坐，说点闲话，打个盹，甚至玩手机。我常看到会场前五六排没有人坐，很难看。为什么躲到后排去，不就是为了分分神吗？不就是不想让人看到自己开小差吗？如果请他复述讲座内容，两个小时的讲座，他能记住的内容没几句。

可是，上课时为什么要用教鞭敲桌子，逼使学生集中注意力呢？这节课，学生因为怕你敲讲台吆喝，他拼命提神，以免你发现他训斥他，但是，下节课怎么办？该不该替学生想一想？

课堂要“留有余地”

如果有人说我的课“安排得很紧凑”，我也许不认为那是表扬，而会认为是缺憾。很可能，我安排的教学内容多了一些，提问多了一些，给学生留下思考的时间少了一些。我不愿学生在课堂上感到累，也不想让学习有困难的学生感受压力。课堂教学，最好不要“紧张”，教师不能有太强的“进度”意识。

一节课40分钟或45分钟，始终让学生注意力高度集中，并不容易，况且未必有用。青少年持续“注意”的时间一般不超过30分钟，而学生每天要上六七节课（甚至更多），课后还有作业，有些学生，连课间几分钟都没法休息。所以，在课上，教师最好不要让学生感到疲劳。你的这节课要求学生“全神贯注”，下节课他就要靠“坚持”了。有些教师总批评学生的注意力不集中，却没有想到学生这方面能力有限，特别是小学生。

这是学生的课堂，教师能不能时时停下来看看他们的“学”，而不是头也不回地领着他们赶路？

了解学生的学习状态，教学得法，该“注意”的，学生自然会注意；而在可以轻松之处，教师不要逼学生“视为止，行为迟”，处于紧张之中。无论如何，不能滥用学生的精力。一节课开合自然，张弛有度，学生有思考、消化的余地，才是合格的课。

如果一节课能留下五六分钟或是七八分钟，让学生自由讨论，或是默读，或是查看笔记，或是提问，或者，什么也不干，静默，只要不妨碍同学，爱干吗干吗，我看对学生有好处。有时，我会说：“我今天就说这些。你们有问题吗？如果没问题，自习。”

而我早先曾充分利用每一分钟讲话，我错误地认为“这是我的课，我不讲就是不尽职”。我在教了很长一段时间后才想到：我这些话是不是一定要讲？我的这节课究竟有多重要？我讲的是不是一定对？这些内容，难道就不能让他们自己去“悟”吗？难道他们真的“悟”不出来吗？为什么不能等一等呢？

我们教学评价的观念需要反思。在评价一节课时，往往总是想到：教学任务有没有完成？如果“问题全解决了，该问的都问到了”，就认为合格了，而没想到这种填得满满的课很可能是机械的、平庸的，无法激发学生的兴趣和思考，太全了，失真，低效。教师唯恐学生想不到，抢先把话说尽了，学生也就不想了。

为什么要求“全”呢？留点空白，让他有想象的空间，让他有进一步探究的欲望，让他自觉地发挥、延伸一下，让他产生新的疑问，让他有创造的尝试，有何不可？为什么每节课非得讲到“下课”？

那些“爱学”、“会学”的学生，特别喜爱的课是“留点谜语给你猜”，“半张白纸任我画”。

有些课不一定需要 PPT

从前听课，教师随讲随写的板书，往往能看出他的“底子”：有的很讲究，下课时看黑板，结构一目了然；有的气韵流动，才气逼人；有的在语句上加符号，反复加，幻成一个个大问号；有的老师板书很快，一边和学生对话，一边概括地写出学生的思考、质疑……我觉得那样才像“上课”，因为没那块黑板，“课”就不好看。

现在，城镇学校都有了投影设备，一些教师逢课必用。教师公开课上完，黑板上往往一个字也没写；有的只在黑板上写个课名，然后便一页页地翻 PPT；物理、化学的实验，PPT 之外，放录像；政治、历史、地理，展示图表、照片；语文的朗读资料，常常配影像；有些老师制作 PPT 技术高，也有雅兴，会配上自己喜爱的乐曲，教学楼教室不隔音，上课时常有学生忙着关窗户。

常常看到，上公开课的老师精心准备的课件，丰富多彩，令人目不暇接；下了课，会场混乱，老师们纷纷上台，拿着 U 盘要拷，和讲课人、主办单位发生冲突。高校也有类似现象，教师上课放 PPT，学生用手机拍照，有人上课不听，到时拷一份照片，应付考试。但有些大学教师，不愿用 PPT，以一手行云流水的板书熏陶学生。

中学物理、化学和生物课，政治、历史和地理课，适当使用多媒体，很有帮助；有些课的内容，一定要借助多媒体。小学教学要少用多媒体，要尽量让儿童养成纸书阅读和手书习惯。

不宜强制使用教辅设备，同时并非每节课都需要用。滥用教学辅助设备，有可能使清晰的课堂变得花哨而失其本，学生则可能在迷乱中买椟还珠。

多媒体刚进课堂时，我为教学设备能得到改善感到高兴，但我也有些犹豫。学校为不浪费资源，要求所有的课都必须使用多媒体，这个规定是错误的。我一直不用投影仪，不做PPT，因为我写字快，语文课，教师板书，也是“教”。学生听老师讲了一段话，却看到老师在黑板上概括为一句话；学生讨论发言，老师提纲挈领，即时在黑板上浓缩为一个个短语；老师引用某个人的话，黑板上出现的是关键词……这些，学生也会“学”。我在黑板上写字时，学生是专注的；学生做笔记，知道老师的习惯：写在黑板左侧和中间的内容，是核心部分；写在黑板右侧的，常常是延展或即兴写上去的人名、书名，或是引文及特殊的短语，有些比较有趣。新生一两个星期就琢磨出来了，以后他也会有自己的习惯。

我上课不愿用多媒体，并非是这个技术有多难学，而是有顾虑。语文课，特别是小学阶段的教学，要让学生通过阅读文字，想象出画面，这是形象思维范畴的教育。我幼时读“大漠孤烟直，长河落日圆”，读“孤帆远影碧空尽，惟见长江天际流”，读“野渡无人舟自横”，总会想象那个画面；成年后看到画家的写意图，和我的想象大致相同，于是就有自信，觉得“心有灵犀一点通”。但如果教师上课直接放出一幅幅幻灯片，我觉得有可能取消了学生的“想”，一节课看不出影响，时间长了，学生就懒得再想了，适应了“灌”。语文教学要培养学生阅读文学作品的想象力，凭借语言文字的表达，感悟文学艺术之美的能力。——这个道理并不复杂，我早些年曾做过调查，学生阅读作品，脑海中是有画面的，根据文字或想象，结合生活经历出现具体场景或人物形象，他看到某些版本的插图，会认为“不像”，这种个人体验非常微妙。但是，课堂教学滥用多媒体有可能毁坏他的想象力。

也因为“课件”制作精细，预设过多，一些老师被自己的“课件”套牢，课堂生成的问题无法应对，从而失去最有价值的教学契机。教师在课堂上不像学习的引导者，而像个放映员。

过度使用，甚至滥用多媒体，也导致部分教师备课不认真。有些教师的课件就是从别处拷贝的，机灵一些的，修修补补，加进一两个自己的创作；偷懒的，直接拿着别人的课件去上课。有位数学教师说过，看到别人用他两年前制作的课件上课，暗暗叫苦，因为那中间有个例题不够准确，他早就改了，而当时拷去的老师们没有看出来，以至于谬种流传。

层出不穷的新技术走进了课堂，加快了课堂进度，可是，教育的特征是“慢”，人在发展中的一些过程不能被替代。如果吃饭的过程被“喂饭机”取代，或是人获取营养的过程被“注射”简化，那种生活方式谁也受不了。

学生代我上课

1997 年，我到高三代课。当时使用实验教材，高一是《文言读本》，高二是《文学读本》，高三是《文化读本》。其他学校高三开学就进入高考复习，不上课；我们教研组，如果谁提出“高二提前上完，高三全年复习”，他的职业声誉也就完了。所以当时在高三，仍能正常教学。第一次接触阿西莫夫的《年华永驻》，很新鲜，我被作者的表达迷住了；但我在备课时，感到难度很大。文章谈相对论，而我没有物理学的底子，很多概念弄不清，顾此失彼，越想越乱，真正是要“以其昏昏使人昭昭”。这一课我该怎样上？去请教物理老师，奇怪的是，他们也认为这部分内容“不好上”，“不容易讲清”。征求其他老师意见，他们说：“让学生自己看看吧。”我知道自己上不好这一课，但我想到，这个理科班，物理学得好的学生，阅读这篇课文，应当比我轻松，也许他们比我有办法。我在课上对大家说：“后天，我们要上《年华永驻》，物理学得好的人才能上好，我没读过高中，即使读过也忘了；因此我决定，请两位同学来讲这篇课文，肯定比我上得好。你们推荐一下，看看哪几位能上好这节课？”话音刚落，大家异口同声地推举出两个同学，我知道他们参加过全国物理竞赛，但大家推荐的理由是“脑子清楚”、“能说会道”。

隔天上课，我坐在后面听。他俩站在讲台前，一个在黑板上画图板演，一个拿着准备好的讲稿解说，并向同学提问——他的提问比我有把握：他知道高中物理课学过哪些内容，他知道什么样的问题请哪位同学回答比较合适。学生参与热情也很高，他们有着不同以往的期待，他们要在这节课上更多地观察自己的同学——他们的态度，他们的智慧。

后来又两次教这篇课文，我都用这样的办法，请学生来讲，每次效果都很好，而且全体学生都很热情。没有谁认为老师请学生代讲有什么不妥，他们从这里看到的是“我们的知识是有限的”，“弟子不必不如师”。坐在学生位子上看学生“代教”，我想：他敢站在台上“教”，即使效果不理想，这种经历也胜过坐在下面听。

我对“学生代教”这种角色转换很有兴趣，后来也多次用这个办法调动学生的学习热情。代教的学生没学过教学法，但他能根据“听课”的经验琢磨。此前他在课堂发言，不过是把他对课文的理解与心得说出来，把自己的思考过程说出来，把自己的疑问提交出来；现在，他被逼上讲台，要来“讲课”了，这时他必须成为真正的学习者，他不能再只带一对耳朵了，他必须深入思考细节，预想可能的障碍，他必须和别人交流，他必须关注听众的反应……对他而言，这是前所未有的经历。为了讲好，他得备课，这很可能是他第一次“用心”地阅读学习材料，完全不同于此前的“预习”——以前的预习只是了解教学材料，发现疑点和难点，有可能的话，能提出一两个有价值的问题；而现在的阅读和准备，要弄清“为什么要教”，琢磨“怎样教”，他要“把别人教会”，“让教室里所有人都知道我想做什么”，他要预估可能出现的问题，尽可能把一切都准备好……于是，他成了一名有更重要目标的学习者。

2000 年，我在高二《文学读本》的教学中，多次用过这样的办法，先后上讲台讲课的有十多位学生。有几位没有事先打招呼，就是要看他们准备的情况如何，有的能侃侃而谈，也有的准备了两天，上台七八分钟，就没话讲了，尴尬地望着我。问过两个讲过课的学生，上讲台代老师讲课有什么特别的感受。一个回答：“站在讲台上说话和在座位上发言很不一样，所有同学的眼睛都看着你。”一个则说：“我起先觉得每句话都不是自己说的，五分钟后这种感觉没有了，但我发现说错了不少话。”

我一度很想把这样的“代教”延续下去，让更多的学生体验“学”和“教”不同，从而获得启示，树立自信。可惜孤掌难鸣，只有在各个学科都展开相似的教学试验时，才有可能做进一步尝试，否则学生会认为语文学科教学特殊，也有个别学生家长不理解，认为加重了负担——他们不明白，这样做，是最好的“学”。

后来看到美国一些中学文学教育的情况，发现自己所做尝试不过是“小儿科”，在那里，学生是课堂主体，人人可以上讲台，课堂属于学生。

一位数学老师曾说，他在课上经常让学生上台板演，最多的，学生连续讲述半节课。他观察学生的思路，全班同学参与分析，看老师如何质疑，看同学如何应对；有时，看学生出其不意，看老师“挂黑板”——能难住老师，学生要有奇思妙想。

有能力“教”，是更有智慧的学习者；学“教”，也因此更会学。如果学生“敢讲”、“会讲”，那就是“懂了”、“会了”；“懂了”、“会了”，教师也就不需要再教了。

有时无法按部就班地上课

课堂上，什么事都有可能发生，有时无法按部就班地上课，如果无视学生状态，强行上课，可能不会有什么好结果，不如因势利导。最好的课堂，就是始终有生命与情感。

有一年12月31日，下午第二节是我的课，我知道，以我的经验，这节课也能正常上完，只要情绪稳定。上到一半时，忽然想到，再过20分钟，下节课就是全校各班的新年联欢会了。按说，我可以认认真真、一如既往地讲课，对年过半百的人，“新年”有什么呢？但我觉得，这样上课会不会成例行公事？这会儿，他们心里在想什么呢？他们真的能听进去吗？青春的心，教室是锁不住的啊。

我停下来，看着学生，学生也安静地看着我。我说：“其实，我一直在犹豫，现在，我不想上课了。”全班哈哈大笑，所有的人都使劲鼓掌。有个同学说：“老师，那就给我们说几句话吧。”所有的人都喊：“说几句！说几句！”

怎么可能只说几句？

我一直说到下课铃响，我说了些什么都忘了，我一般会说青春的梦想，说高中时代，说“我们”在一起的日子只有短短三年……我记得，那是难忘的也是愉快的一节课。

还有一次，学生要参加学校的夜间步行活动，走三十多公里。如果我是组织者，会宣布停课休息，毕竟学生体质不如我们青年时，而且没有午休。但不知为什么，学校不愿停课。下午第三节是我的课，我想到学生将一夜不睡，这会儿继续上课，我们对学生的爱就不是真诚的。于是我说："你们很少有通宵不睡的经历，这节课我不想上了，你们在桌子上趴着休息一会儿，怎么样？"学生怔怔地看着我，我在这个班代课两个月，学生姓名仍然叫不全。有个班干部说："谢谢老师，我们睡不着，除了上课，平时也没多少机会听老师说话，老师能给我们说说'文革'的事吗？历史老师今天布置的作业，采访一名'文革'经历者。老师说说，也算被我们采访了，一举两得。"我有些意外，但学生齐声说："老师讲讲吧！老师讲！"

好吧，就说说过去的事吧。我从1966年那个夏天讲起，刚讲到1967年"一月风暴"，下课了。我至今忘不了，我停下来时，全班学生肃穆的神情。后来历史老师说，有人把题目写成《访"文革"幸存者王老师》，没错，我也算幸存者。

我对这两次自行停课的印象很深。学校里常有意外情况，有时我们必须正常地上课，尽量把学生的心收回来；但我经常无法例行公事地上课，有时因为青春的兴奋，有时因为社会的哀伤。

在发生意外情况，特别是在面对灾难、苦难时，教师如果仍然若无其事地上课，他的学生会不会认为他是一台机器？

在小学的课堂里，一只美丽的蝴蝶飞来飞去，一只蜜蜂嗡嗡地绕着讲台，窗外街上传过来震耳欲聋的鞭炮声，校园或教学楼里有异常的响动……这时候，孩子们的心不大可能那样专注，你干吗还装作若无其事地在上课？你能不能有点智慧，把这些"意外"利用起来？

学生为什么在课堂上当看客

我自认为不是“一言堂”的人，我在课堂上努力创设自由言说的气氛，但我总很失望。我经常生气，因为课堂上总有沉默的一群。他们在思考吗？是问题有难度吗？

我尝试降低一点难度，仍然没有人表示愿意发言。我不愿意抽答，我认为，学生的主动参与，课堂交流才有作用；我甚至期望学生能质疑我，和我争论。但我常常很沮丧——即使我说错了，他们也只是望着我。学生承认我没有专制习气，毕业离校多年之后，他们认为我是个少有的肯鼓励自由思想的老师。然而，在我的课堂上，我没有看到他们的思想在自由地飞翔。

他们沉默，当看客，有我们教育、教学方面的原因。比如，他们可能在期待一个“标准答案”，因为他们从小学就知道，凡有“问题”，必有“答案”，而且“老师有答案”。他此前有过无数教训——教师在课堂上请学生回答，分析，板演，谈思路，各种讨论，学生也都参与了，但是，最后总由教师“亮出底牌”，让很多学生觉得自己的思考没什么价值，他的参与不过是让课堂热闹一些，甚至为别人的思考做点儿铺垫。学生在课堂上一天天长大，长大了，他往往不屑于去做他认为无趣的事。

比如，课堂让学生“探究问题”。既然是“探究”，那所要求的就不是“答案”，而是“过程与方法”。可是教科书上的哪一道“探究题”能不提供“参考答案”？如果编教参不把这一部分写细，不止是学生，教研员和教师也是不答应的，因为他没法判断正误了，因为他上课没法子导演了。学生明白：无论怎样“讨论”和“探究”，老师最后一定会在课堂上公布答案的；我的思维或许是错的，我就不出丑了；即使我的思考有把握，等老师公布答案时一样可以检验，犯不着费神去参与。

常有人哀叹中国本土没有科学家获得诺贝尔奖，我对这种诺贝尔奖情结不以为然，那种情结与奥运“金牌第一”相似。我们费尽心机获得了奥运金牌第一，但国民体质仍然不如一些“零奖牌”的中小国家。在对中国本土科学家没能获得诺贝尔奖的反思中，钱学森把责任归咎于中国的高等教育，这是他不了解基础教育造成的。中国高等教育有其弊端，但学生在基础教育阶段，很多人的思想和习惯已经固化，他们在 12 年的中小学生活中，丧失了好奇心和想象力，其中很多人的大脑已经“容器化”，坐等灌输，他们从小学就知道“听讲”，而不是自由思想。

学生集会，要听根本没有激情与智慧的“重要讲话”，要听一些让听众丧失自尊的“重要指示”，要听令他们丧失思维的“传达会议精神”，有时要发给他们一些小册子（不准拒绝），让他们背诵，还要检查背诵和理解情况，计入学期成绩……他的思考没有价值，他的见解没有价值，他的发言没有价值，他凭什么要发言？

在瑞典作家林格伦的童话《长袜子皮皮》中，那个桀骜不驯的女孩皮皮在课堂上和老师对话全然没有任何畏惧，难怪中国小学生羡慕她！在课堂上，如果孩子有畏惧，他那些自然的创造的萌芽都将在第一时间被扼杀。这之后，无论教师有多大的本领，孩子的想象力和求知欲都很难回复到那种天然状态。

为了解决课堂沉默的问题，我做过很多努力，收效甚微。我在几个教学班说过：你们毕业后，想起你们上课的样子，我可能不会有什么愉快。学生沉默不语，也许他们认为我“不过说说而已”，但我是认真的，因为我有这样的经验。课堂是师生共同活动的场所，教学离不开师生的交流。如果课堂上学生不愿发言，能简单地认为责任在老师吗？那几届学生的“哑巴课”让我的课成为“一言堂”。我想过很多办法，鼓励学生多交流，共同探讨问题，同事也认为我的课堂是有公平对话气氛的，但效果往往也只是持续一阵子，然后又趋于沉默了。

他们为什么不愿多交流？他们在想些什么呢？这样沉默地坐在教室里当观众，岂不是耗费生命吗？小学低年级的课堂，老师提一个问题，小手刷刷地举起；到了高中，不可能有这样的事。有一年评正高级教师，要上“过关课”，参评者多为特级教师，有个老师竟然带了一大摞纪念品，凡是发言的学生，每人一本书或是一包明信片。为了让学生发言“配合”，这个老师竟然向学生行贿。

学生上课不愿意交流，原因很多。有些学生的学习是在“逐利”，他在课堂上沉默，并不是他对学习内容了然于心，而是感到“没好处”。他不认为表达个人见解是“学习”，他没有认识到和他人交流是个人需求。他觉得一切多余，带耳朵听就够了。

我为此找过很多学生了解，除了性格原因，后来我才知道，的确有狭隘的“各顾各”的因素：老师的提问我弄懂了，但我没有必要和别人分享我的体验；我弄懂了，我犯不着花费精力向全班说清；我不懂，但我犯不着让别人知道我不懂；我不懂，我不想让老师借我拙劣的发言去剖析、阐述……部分学生的心理就是这么复杂，他认为这种交流对自己“没有什么直接的好处”。

我也很清楚，很多学生，仅仅是因为不想冷场，不愿让老师难堪而不断地举手发言，他们冒着被个别同学讥笑的风险，为上好一节课而操心。有一次课上，当我再次因课堂的沉默而生气时，前排有两名女生哭着说：“我们知道，在这个教室里，他们明明可以回答这些问题，但有些人只想着自己……”十多年过去了，我忘不了她们的哭泣，那是对庸俗、自私风气的谴责。那时我已算有经验的教师了，有学生在事后表示过忏悔，我说的是：“已经来不及了。”

教师的课堂，一边要开启蒙昧，一边要防庸俗、自私的市侩习气，真是不容易。

适当简化课堂仪式

中小学课堂，上课和下课，师生都要致意，这是应有的礼仪和态度，有利于学生养成文明习惯。我一直对课堂怀着敬意，我不认为这些形式多余。“预备铃”响，教师须走进教室，站在讲台前，这是暗示：我们马上要上课了。“上课铃”响，我会郑重其事地说“上课”，班长喊“起立”。我说：“同学们好！”学生齐答：“老师好！”下课时，学生再次起立，不同的是，教师说“同学们再见”，学生答“老师再见”。

就这么一天又一天，一年又一年。

后来，课越来越多了，中学生每天有八九节课，学校不遵守课时规定，教师随意布置作业，学生也就不大在意规矩。班长喊了“起立”，中后排都会有几个人不站起来或是弯腰慢吞吞地收拾东西，我必须等全班站直，才能喊“同学们好”。可是，他们的站立姿势与态度令我不满。我多次批评：“你们不能忘记，你们起立，不是向我致敬，而是向我的职业致敬；而且我是站直的。”

教师一丝不苟，庄重行礼，但教室里总是会有那么几个人无精打采。我最反感的，是学生不站直，我没法向一群站不直的青年喊“同学们好”。几次等待和批评，起到些整肃作用，但一个月不到，故态复萌。有时，我们班仪式完成了，楼上教室上课迟了十多秒，学生拉开椅子起立、再坐下的声音，吵得我和学生面面相觑。阶梯教室一般用翻板椅，班长喊“起立”，一片板子撞击声，让人心惊胆战。习惯好的学生，起立时会用手扶住坐板，但多数人没有意识到，连一些教师起身时也没有手扶坐板的习惯。

可能是课多，一些老师也就“免礼”。据说有些老师走进教室，边走边喊“打开第 18 页”，或直接问“昨天讲到哪里啦”，这就等于喊“上课”了。我在一些学校观摩，发现一些听课教师也不起立，于是想到，礼仪在他的班上可能是多余的。有时在教室听课，发现后排学生往往眼睛没离开桌上的书本，只是欠欠身子便坐下，如同欧洲男士街头相遇，用手指碰碰帽子，代表脱帽致意了。

但我愿换个角度探讨这个问题。

我在思考，有没有教师个人的原因，有没有学校制度的原因，要不要做点改变。礼仪恰当，学生会郑重其事，如果过多，学生会感到疲倦。学生每天起立致敬十多次，是不是多了一些？教育要培养学生的良好习惯，但礼仪过于繁复，学生会倦怠，从而视作繁文缛节。课堂上过多的重复仪式，让学生失去庄重感。如果有这方面的因素，那能不能简化一些呢？

我和学生在课堂上讨论了这个问题，学生有些尴尬：这有什么可讨论的呢？是我们不好，老师坚决一些，强制执行最好，哪怕一个人没站直，全班也不能坐下。“可是，”我说，“我认为对‘致敬’要郑重其事，我不想强制你们敷衍老师。”

我说，我们立个规矩，希望人人遵守：每个星期我的第一次课，必须起立相互致敬；每星期最后一节课，我们互道“再见”；其余时间，如果有老师来听课，也必须起立致敬（不能让人家说我们没规矩）；其他时间，看老师的选择，如何？班长说：“这样一来，我也好办了。”从此，上课铃响，他只要听到我说“上课”，便声音洪亮地喊“起立”。全班闻此号令，迅速起立。如果我对课前教室的状态不满，大家坐得有些懒散，需要让他们振作起来，于是我会大声说：“上课！”学生振作起立，行礼如仪。有时，我站到讲台前，教室安静了，我便轻轻敲敲讲台，提醒学生，“坐直了，我要说话了”。所有学生坐正，看着我，我就讲课了。

尊敬教师，文明礼貌，行止有度，不一定要强调形式。孔子和弟子们在一起，从没有队列式的号令，但时时处处皆见礼敬。

教师在教室的位置

从教之初的遭遇，对教师的影响很大。据我的观察，青年教师走上讲台，大多数是怀着敬畏之情的，因为他没有经验，也不敢目中无人，在五十个学生的眼光注视下，压力很大；同时，他又不得不在意来自同行或校长的评价。

有位青年教师被校长听了课后，非常苦恼，校长比画着问她："你上课时为什么在教室里走来走去？你的位置在讲台，应当这样，这样——双手撑住讲台两侧，不要乱动。"这位女教师很为难。她不明白，为什么不能走近学生和他们交流，为什么不能站在学生中间领读，为什么要立在讲台后面像个官僚似的自说自话；再说，讲台那么大，而她瘦弱，两手硬撑在那里，滑稽可笑……听了她的话，我告诉她，不怪校长，因为你那个校长从不上课，总以为上课要摆功架，要像"训话"。

上课时，教师站在哪里，怎样站，有规定吗？好像没有。但教学常识告诉我们，教师要站在全班学生都能看到的地方，他说话要让所有学生能听清。这是中小学生的课堂，是个平等交流的场所，不是什么代表大会。

课堂是师生共同学习的场所，教师未必要踞守讲台，始终"在学生的前面"；教师能随意地"在学生中间"，效果可能更好。这不是具体的形式上的位置，而是教学观念上的位置。我上课时，常走到学生中间说话，和他们对话，距离近了，"讲台"没有了，仿佛更能关注学习的内容，突出学习的主体。——当然，这可能只是我的感觉。我总觉得自己是在和学生一同阅读，和学生一同分析、探讨。我熟悉教材，但对我的学生而言，那些教学文本永远是新的；我每次都在和不同的人共同阅读，因而每教一遍这些课文，我都能在旧有的经验上获得新的体会，这就让我始终对课堂教学充满期待……我总是在想，今天课上会发生什么，我始终在关注学生的感受，因此，我总是不由自主地走近他们。

很难想象，面对少年儿童，如果每个教师都像那个校长主张的“双手撑住讲台两侧”，40 分钟一节课，每天七八节下来，学生对课堂能有什么样的记忆！

由于传统，也由于办学条件限制，中小学教室格局就是讲台面对课桌，设计时就是以教师的位置为主的，这样的形式让一些教师习惯了“以讲为主”。这种教室格局，也让“自主、合作、探究”受到限制。30 年前我教初一，我在课堂上几次注意到这样的现象：第一排的一名女生发言时，她的分析、解答配上她的神态，简直就是活的语文！可是，只有我一个人能看到，几乎所有的学生只能看到她的后脑勺，至多看到她的侧面。我让她到讲台上，面对大家回答问题，全班的注意力一下子集中到她身上了。

有时走到学生面前交流，也因为学生说话我听不清，我希望他声音大一些，可是有些女生平时说话就是细声慢气的。我会走到她面前，像传声筒一样，听清她的发言，然后放大给同学听。至于这样做能不能培养学生的好习惯，会不会娇惯学生，我真的没想过。我只是不太忍心让一个学生异常地大声说话，那样可能会让她（或他）对课堂表达产生恐惧。但我的学生似乎并没有养成不好的习惯，他们已经尽力了。

极端严肃、整齐划一的课堂，有可能培养出规格统一的士兵，但难以培养学生的想象力和创造力。我读《论语》，一直没有读到“讲台”——孔子的时代，连教室都没有，师生随意地站立或是坐着交流，多么令人向往的形式！当我在教室里闭上眼陶醉于自己的憧憬时，同学们笑着欢呼，我们也像穿越到了那个时代。

我在警报声中说了些什么

每年的12月13日上午10时,为悼念侵华日军南京大屠杀死难同胞,南京要鸣放警报。首轮鸣放时，如果正在上课，全体学生肃立，默哀。

那一分多钟，教室里是寂静的，只听见凄厉的警报声，撕裂现实和梦，化作血与火的悲惨记忆。

然后一切如旧。

有一年的12月13日，第二次警报响起时，学生在做练习，有个靠窗的学生伸手去关窗，被同桌制止了。

我想，我总该说些什么了。于是对学生说了下面这些话。

以后，大家在公共场所要遵守秩序，不要拥挤，要学会排队。

上下电动梯时，靠右，不要挡着道。

在公交车上，无论如何，不要去坐“老弱病残孕”的专用座位。

在公共场合不要大声喧哗,不要随地扔杂物,不要有妨碍他人的行为。

保持教室整洁。

养成节俭习惯；即使有钱，也不浪费生活资源。

在食堂就餐时，不要浪费食物。

去餐厅时，不要跑；排队时与前面的人保持距离。

衣着整洁，注意走路姿势，身板挺直。

上下楼时，沿右侧走；给教师让路。

男生要尊重女生，学会礼让；女生举止要庄重，学会轻声说话。

爱护低年级的学生；走出校门，也要有爱护弱小的意识。

在校园里，尊重所有工人师傅，学会和他们打招呼。

注意自己的行为举止，对人要有礼貌，学会称呼别人，学会感谢别人。

上课向老师致敬时，站直了；在老师和长辈面前举止要恭敬。

记住“慎独”。

不要“说一套，做另一套”。

在任何情况下，不准凌辱同学。

尊重残疾人，如果有能力，给他们一些帮助。

爱护公物，爱护山水草木。

遵守校纪，不要迟到早退，不妨碍别人。

不要抄作业，永远不作弊。

不做任何违法的事，不要做违反社会风尚的事。

家人接送你们时，让爸爸妈妈把车停在离校门稍远的地方。

提醒爸爸妈妈，千万不要给老师送礼，那样会害了老师的。

名誉比荣誉重要，你有一天会知道的。

不要文过饰非，要学会承认错误并真诚地道歉。

敬重祖国语文，在任何情况下，不说粗话、脏话。

认真庄重地去做每件小事，对别人的辛劳，要表达感激之情。

……

那几分钟，在警报声中，我还说了些什么话，记不清了，只记得一直不停地在说，把好多想说却懒得再说的话全说了一遍。也许，我的话与学科教学无关，但我一定得说，就得在那个时候说。我不否认自己的讲话带有情绪，但我说出的是多年来一直想说的意思。

教室里沉默，学生沉静地看着我；个别人略显不耐烦，他们不明白这是为什么。我不知道学生能记住多少，但我必须说出来，如果不说，我就不配立在讲台边。我们的学校，必须有这种教育。

有时，我会对学生说：必须比对手更善于学习，你得咬紧牙关，一点点地学，向对手学；一定要比他们文明，如果在这个世界上，的确存在对手的话。

怎样评价学生的课堂发言

不必在意学生发言的“对”、“错”

课堂上，学生发言不得要领，或是讲错了，我一般会说“嗯，你这个看法我没想到”、“你这样说很有意思”。——学生很快就明白，我的意思是“你说的不对”，他们会轻轻地笑起来。

学生课堂发言究竟有没有“对”和“错”？我在教了一段时间后才思考这个问题。有些学生能准确地表达自己的见解，能够了解教师提问的用意，有些学生表达水平不高，但他能接近“那个正确的意思”；也有学生不理解教师提问的用意，有的自说自话，有的答非所问……但我从没对学生说“你说错了”、“你讲的文不对题”。我不想让学生觉得发言是一件令人恐惧的事，我想让他们自由地表达，哪怕是错误的见解，中小学课堂应当有这样的自由言说。和同行讨论这个观点，有人认为这由教师性格决定，是对学生宽容仁爱，保护学生参与的积极性；也有老师主张“一是一,二是二”，错了就是错了，说“嗯，你这个意思我没想到”、“你这样说很有意思”，不是应有的教学态度。可是，我就是改不了，一直到退休，我仍然认为，不要在意学生发言的“对”与“错”，所有的发言，对集体学习而言，都是有价值的。因为有不同观点的出现，因为有不同的表达，学生学会了比较和判断。教师引导学生参与学习、讨论，启发思考，如果他的提问仅仅以“对”、“错”为标准，等于拿着一个圈，暗示学生来钻，能钻过去的方为正确。在这样的状态下，学生会怎样对待课堂提问？他没有绝对把握便不敢发言，或者他知道了教师所要的答案而不屑回答。课堂沉闷，往往也和教师的那种简单的“对”、“错”

判断有关。

错了不要紧

有时，我想，学生在课堂上发言有错误，或是没有达到教师的预期，教师应当怎样才能让他保持平常心？如果是有些胆怯的低年级小学生，如果是不爱发言有些腼腆的女生，如果是反应比较慢自尊心又特强的男生……总之，要把这样的事放在心上。

我总是对学生说：课堂是可以出错的地方，你们这么年轻，会犯的错误还在后面呢。为了以后少犯些错误，你现在要大胆地尝试，把以后可能的错路堵死。

我也告诉他们：我这半辈子走的弯路，犯过的错误，可能比全班的总和还要多，如果把四五十年前的我放到现在的你们面前，你们肯定会笑晕过去：脑袋里怎么装了那么些可笑的东西，他是中学生？而我们当年受的教育等同于愚昧和蒙蔽。

有些问题，一节课没弄清，不代表以后就没有机会了，也不说明你今后就是这个水平。觉今是而昨非，后之视今，亦犹今之视昔，为什么要妄自菲薄呢？学习在进行，一直到生命的最后。我是老师，但我和你们一样，一直在学习。

我也对老师们说：上课发言说错了的学生，我对他的学习状态有数，而从不开口的，我没把握，有时很难做出判断。

七分钟发言缩成三句话

估计很多老师和我有同样的经历：课堂提问，没想到有个爱说话的学生站起来，侃侃而谈，思路游移，言不及义，他努力地想转回来，但却误入偏差更大的区域，说远了。这时候，教师应当怎么办？

我遇到过一次。这位学生举手发言，我知道他涉猎广泛，喜欢引经据典，但我希望他的这回发言能简明扼要。可是，当他讲了一分钟之后，我就明白，我得有耐心。两分钟，三分钟，他说的话离题有点远了。同学起先疑惑，而后惊讶，五分钟后，同学有厌倦之情，有埋怨声，但发言的同学仍然滔滔不绝……

教室后面坐着两位来听课的老师，他们也很不安。但我一直不动声色，认真地听，我想弄清他是在什么地方出了毛病，变得这么啰嗦。他总算说完了，我瞥了一下搁在讲台上的表，他讲了七分钟，我笑着说：“这是我本学期听到的最长的发言。”同学们笑，他也不好意思地笑。我说：“能这么长时间地解答我的问题，说明你很有耐心，而且你担心大家听不懂，怕我们误解你的意思，在几个地方，你特别做重点阐述，甚至不惜翻来覆去。”同学们又笑了。我却很认真：“我觉得你的讲话主要想表达三个方面的意思，是吗？你能不能把刚才的讲话压缩为三句话？”他在想，我在等，同学们也变得专注。是哪三句话呢？他又开始说了，这回，他说得比较简要，但每个“意思”他仍然要说十几句话。我说：“我觉得你这回比先前的话简要多了，但能不能再简约一些？”我帮他筛选，归纳，帮他从讲话中提取关键意思，黑板上出现了三个短语，他如释重负地坐下了。同学们认真倾听，没有任何人嘲笑他，他能在课堂上把自己一大篇啰啰唆唆的语言重新组织，变为一小段简练的话。教室里所有的学生关注了我们的对话，看到了“学”的过程，他们可能会借这个例子反思自己的学习。

原本只需要两分钟的环节用了十多分钟，我没有其他办法，只能这样。课堂上学生的“学”暴露出问题，教师及时在课堂解决，引导学生观察过程，这是更有价值的教学。

我们在河岸边散步，看到有人被大水从上游卷下来，我们及时、准确地抛过去一个救生圈，仅此而已。

课堂上的冷漠观众

我上课时，注意到有些学生从不举手回答问题，私下还嘲讽主动参与对话的同学，这种风气，常常让课堂交流处于停滞，进而成为教师的“一言堂”。课堂应当有学生的声音，甚至有争辩和质疑，非此不足以形成“教学”；我不断地启发学生的交流意识，希望他们能大胆地发表个人见解。我在教学中，从没否定过任何一名学生的发言，因为我只需要他们开口，即便他们的回答错误，也会对其他同学的思维有所启示。——我一直坚持这样做，每每经过一个困难时期，情况会略有改观。然而有一届某个班，我束手无策，这个班有少数学生私下总是不停地嘲讽发言的同学，像飞短流长的小市民。也许他们在初中接受了过多的应试训练，只会做题，不愿交流，虚荣心强，怕出丑；有些成绩较好的学生，自私狭隘，不愿把个人思考与同学分享。弄清他们真实的想法后，我感到庸俗的风气污染了课堂，而我对此几乎无能为力，毕竟他们是青年了。我对教育的绝望感，并非来自体制的僵化和社会蒙昧，而常常来自青年一代的自私和冷漠。当年我向那群17岁的青年学生直言：为一个简单明了的学习常识，我向你们劝说了一年，仍然劳而无功。你们真的会认为我会对你们有着美好的记忆？时隔多年，仍有学生记得我说话时的神情。

教师可以向学生表明自己的愤怒。

第三辑　照亮课堂的光

最重要的是思维品质培养

中小学课堂教学最重要的，是学生思维品质培养。我的学生中，“敢想”、“会想”的学生，考试成绩不一定很高，但进入专业学习或是开始工作时，他的实际能力和创造精神远远超过那些循规蹈矩的同学。以语文教育为例，教学总提“听说读写”，其实，最重要的，是“想”。如果不重视“想”，“听说读写”必然处在比较低的水平。阅读和写作都可以通过思维获取想象的趣味，评价一个人的阅读能力和表达智慧，实际是在评价他的思维能力。我和其他学科的老师交流时，他们也告诉我，真正有价值的教学，都是因为“想”。

教育要培养学生独立思考，没有自由的思想就不可能有创造精神。在公共环境中，至今仍会听到“统一思想”的提法，这对教育，特别是基础教育，有害无益。传统教育要求学生“听话”，限制自由思想，不可避免地扼杀了儿童的想象力和好奇心。我始终感到困惑的，是一些人所鼓吹的“儿童读经”，违背了儿童认知规律。儿童有阅读兴趣，可学习古诗文，熟读成诵，终身铭记；但强制“读经”，忽略儿童学习意志，不利于思维发展。灌输式的阅读会令儿童对阅读产生误解，会“预支”（或“透支”）儿童的阅读兴趣。教育最重要的目的，是教会学生思考，而“读经”的目的是要让人“相信”。为什么很多学生刚刚小学毕业就不愿阅读？可能在于自幼缺少自由阅读和发表见解的机会，逐渐丧失了对阅读的敬重。少年儿童对事物的接受程度，往往取决于情感的启蒙，有趣味、朴实真诚的、富有启迪的阅读材料，他们不会拒绝；如果发现所阅读的内容是虚假的、无趣的、缺乏真情的，甚至带有欺骗的，再加上强制灌输的方式，他的阅读兴趣很可能就此弱化，而且很可能从此轻视甚至鄙视阅读。当年我们那代人被灌输了多少错误的“知识”！而“相信”和“服从”又让我们把那些错误的知识转手灌输给更多的学生！中小学教育不能不正视这些问题。

爱因斯坦说过“只有个人才能思考”，反映在阅读上，也许只有个体生命体验才能产生阅读价值。这种体验是独一无二的，是学生通过品读、思考而感悟出来的；这种个人体验及认识也许幼稚、不成熟，也许不符合“教学目标要求”，在专家学者那里简直不值一提，甚至是错误的。但没关系，因为那是他通过阅读和思考获得的，他正在辨析，正在积累，还有很多书等着他去读。课堂是可以出错的地方，为什么不让他多一些体验？谁没有“自以为是”的经历？必须鼓励并尊重学生的思考。我在教学中也常发现学生一知半解或“买椟还珠”，这样的阅读有没有意义？要不要尊重他的阅读体验？要不要承认他的思考价值？如果不抱功利的教学观，我们当然应该对他的阅读予以肯定。当然，教师不能凭一句“个性化解读”就消解正确把握作品的必要与可能，但是在学习阶段，“统一思想，统一认识”可能比“各申其说，莫衷一是”更为有害。

写作教学被中小学当成难题，也和这种“统一思想”及“禁区”意识有关。一些老师往往因为在学生作文随笔或周记中发现了“思想倾向”、“思想苗头”，于是本能地“关心”起来，自觉地扮演“思想警察”，却没想到这种干预会给学生的思维发展造成危害。写作教学中，教师鼓励学生关注身边的人和事，勇于发表个人见解，而学生只不过用几百字评论学校，教师便惶恐不安，唯恐出乱子。学校是学生的家园，在这个家园，他应当有自由表达的激情，有直接倾诉个人想法的责任。如果他在“家园”也不敢自由言说，他又怎么能“心怀天下”？在铁桶中被喂养的生灵，怎么可能有“飞翔”的意识？从小生活在各种思想禁忌中，怎么可能“少年心事当拿云”？在禁锢重重的课堂，学生不可能有青春激情与独特见解。

有学生在作业中夹了张纸条，写道："本来不想这样写，我的观点可能您不认可，我不知道该怎么办。"我在他的作文上批了几句话，大意是，你不能畅所欲言，看来是我的教学存在问题；分数并不重要，你的不愉快令我遗憾。后来他在随笔中对教育现状、对社会问题发表了许多个人见解。他的分析理性、客观，思考深度超过了很多教师。我总在关注这类学生，鼓励他们自由地发表个人见解。如果周围的人都不认为他的思考有价值，他的思考与表达欲会减退、弱化，最终"泯然众人矣"，融入无意识的群体。青年能"想大问题，做小事情"，是社会进步的希望。我在教学中强调独立思考，如果我的学生不敢自由思想，那很可能是我的教学失责。学生的思想活动发生在学校，发生在课堂，他的生活态度和世界观的形成，教师的教学会起重要作用。十多岁的中学生说假话、套话、空话成了习惯，教师不以为怪；他难得发表一些真实、自由的想法，教师却如临大敌，感到麻烦，这样的教育，只能培养识字的奴才。

如果在小学、中学 12 年中，只会唯唯诺诺，能有什么"个性"？换个角度，作为教师，如果我不能运用理智，开拓学生的思维，教学又能有什么意义和乐趣？当一个人接受了 12 年的基础教育进入大学或是走上社会时，他的人生观已经充填了一些基本内容，他的思维已形成了一些基本特征。也就是说，12 年的基础教育打下了一定的"精神底子"，他的思维习惯已基本形成，无论如何，教师不能忽视这一阶段的教学价值。

发展批判思维是教学的基本任务

经常听到对基础教育的批评，认为中国教育中没有批判思维教育，学生经过应试训练考进高校，因为长期被动输入，缺乏批判思维，对大学教学不适应。这类批评言论听多了，反而奇怪，批评者难道忘了自己受教育的经历吗？

落后、错误的教育观，把“批判思维”简单、无知地理解为“反对意识”，而在社会特殊时期，“反对”会等同于“反动”；不仅批判思维，只要是“不同意见”，就存在危险性。时至今日，教育界仍然没有多少人能准确理解“批判思维”的内涵。

更有荒唐的判断，认为其他领域不存在缺乏批判思维现象，唯独教育领域缺少这方面的努力。社会文化笼罩下，不可能其他部位强健，只有教育这条腿缺钙。要解决这个问题，还得经过思想启蒙，先治社会病，像20世纪“文革”结束后的“真理标准”讨论那样，厘清基本概念，普及常识，不能一听到“批判思维”就胆战心惊。

人有独立意志和思考能力，才可能成为真正意义上的人，成为现代公民。没有独立思考的意识，意味着很难具有完整人格。我常为一些学生的素养和精神追求担忧：读了12年书，他就是为了“做人上人”，当“学霸”，当“天之骄子”，个人对社会应当负什么样的责任，对自己能做什么、不能做什么，都没有认真思考，这正常吗？影视明星到大学参观，学生不上课了，不做实验了，上万大学生围观明星，社会和媒体对此没有质疑和批评，这正常吗？不断有报道指出，参加传销活动的大部分为青年，相当一部分是大学生，有这么多人试图一夜暴富，难道仅仅是道德水准低下吗?

教育要对民族未来负责，那么多青年丧失思辨能力，轻易地被洗脑，不止是他们个人的不幸。我们也许很难责备他们：从接受教育的那天开始，他们就被教育要“服从”，要“相信”，不得怀疑，这是被允许的“思维”。“统一思想”的荒谬说法至今仍频频出现在社会生活中，也不可避免地影响了普通教育。

因为课堂上有批判思维教育，我的教学曾令一些老师和家长不安，他们的担忧我能理解，而我担忧的是他们不理解。我遵守了教育常识，“反常”的是他们，他们竟然不担心学生没有思想，竟然不担心孩子变为“高分白痴”。我们的课堂上，缺少思想之光，功利主义的应试教育培养了不思考、没有创造精神的一代，其危害可能要持续很多年。

让我进一步认识到这个问题严重性的，是从新闻中看到教育行政部门举办“高校批判思维教学训练班”。我感到惊讶和困惑的是：教学中引导学生发现问题，独立思考，尊重事实，与真理为友，这也需要“训练”？“批判思维”不是专门的技术，是人自由的思维活动，怎么传授？教师的思维活动靠接受“训练”，不经过“训练”，他在课堂上就不会教“批判思维”，岂不是很荒唐?

但我仍然想着这件事的积极一面。也许，在我们中国，只有通过行政手段，才能强行推进改革，帮助人们克服旧观念造成的恐惧。毕竟“批判思维”在教学中经受的批判和压制过多，教育行政部门或许是不得已而为之。

多年以来，错误的教育观导致教师丧失独立思考，继而在课堂上传授错误观念，通过教育教学培养“驯服工具”、“听话”、“服从”的奴隶意识；教师的专业进修，过多地“学习领会‘精神’”而不能表达个人意见，本身丧失批判思维，或曰本身不具有批判思维的意识，作为教师，怎么可能在课堂上启思导疑，培养学生的批判精神?

聪明的老师下课后让你满腹狐疑

学校搞“拜师仪式”，我收下鲜花，对青年教师说，不要信什么“师徒制”、“导师制”，虽然不敢说是糊弄人的，但最终多流于形式；我不愿扫大家的兴，但我得告诉你：体制兴这一套，也是随俗应景；真想学点什么，只能靠自己；有点时间不必到处听课，或是寸步不离地跟一个老师听上两三年，你是教师，不是“粉丝”，也不是谁谁的门徒，要立足于自学，渐渐地“会学”；跟老教师学，未必每天去听他的课，比较有用的，是观察他业余时间做些什么，别人玩乐消遣时他在做什么，大家一窝蜂地“跟风”时，他又在想什么，慢慢地，你就明白了。

我说这样的话，究竟有多大作用，青年能否听得进，我没数。

我也常用类似的话劝告学生，无论如何，要多动脑筋，不要盲目跟风，不要迷信老师。大家每天坐在教室里，虽然因材施教，但教师的教学内容和教学目标是一样的，为什么对同一学科的知识，同学们的理解会出现那么大的差距？课前、课后你们是怎样度过的？

对课前预习的理解，差距很大，直到高中毕业，仍然有很多学生不明白为什么要“预习”（同样，他们也不明白为什么有人几乎不用预习），也没有反思自己的预习状态。不善于思考，也就不会学习。很多学生非常勤奋，每天用大量时间接受各种“训练”，如果老师没布置作业，他就不知道该去做什么；他常能在考试中考出一个比较高的分数，但很快也能把相关知识忘得一干二净，大起大落，波动很大。他们把考试当作比武，志在必胜。有些学校特别看重考试，教室里贴满励志标语，一副不成功即成仁，血战在即壮志难酬的样子。你很难想象那是教室，以为是“战场”、“阵地”，在那里，学习不是为了获取智慧，提高思维品质，而只是为了比武较量。有老师向学生吹嘘数学“复习过万题，题型全记清”，1964 年全国各行各业“大比武”，电信局查号台有人能背一万多个电话号码，这两件事有相似之处。可是，我们应当想到，“记忆力强”与“聪明”不是一回事。

从时下教育评价的表达语言观察，很多人对教师教学的认识有误，他们认准并停留在传道、授业、解惑上，始终没有赋予其正确内涵。最令我困惑的，是很多教师无视学生思维品质成长需要，仍然把自己当作课堂上“提出问题并解决问题的人”。我在从教之初也有过这种误识，但我很快发现，即使我是个有智慧的人，我的“教”，远不如让学生能“主动地学”，因为是他在受教育，我的工作是为了让他获得发展，他不是任凭我雕琢的玉石或木头，他是有灵性的人，我的任务是“启思导疑”，让他“敢想会想”。如果他们能发现并提出问题，能像我这样终日而思，寻寻觅觅，一定比我来讲述要有价值。

当年，学生评说我的课让他“一切迎刃而解”、“有如醍醐灌顶”、“总能让我豁然开朗”，我暗感欣慰，觉得不素餐兮。然而我很快就发现，学生并没能举一反三，触类旁通，变得聪明，有相当一部分学生总是没完没了地问，问出那些“不是问题的问题”——离开了老师，离开了教室，他们茫然不知所之。他们仍然没有真正地“思”，当然也就不会学。

胡适和鲁迅都是了不起的教师，但风格迥异。曾有人论胡适，说他像个惊叹号，善于激励青年，而鲁迅像个大问号，总是推说不知道怎么办，逼使青年去冥思苦想。青年要奉鲁迅为导师，鲁迅则从不接受，主张让青年自己去寻找，有些言论甚至矫枉过正。

有智慧的教师在课堂上会关注、启发学生自主思维，引导他们关注事物以发现问题，而不仅仅是“解决难题”。如果学生的思维止于教师的“传授知识”，止于教师的“传道”，他的“惑”（或者是教科书上的内容）能为教师所“解”，上课时教师提出的问题他在下课前都明白了，如果认为这就是“学习”，未免肤浅。一节课，上得学生心旷神怡，上得学生如沐春风，让学生如醉如痴，渴望着下一次课，等等，都是很好的教学状态。然而，在当今，我常常想的是，怎样才能让他们在下课时“满腹狐疑”、“满脸困惑”，而且我不想“告诉”，即使时间充裕。

如果他在教师启发下，发现了更多的问题，而且产生了更多的疑问，这些疑问让他着迷，让他预感到虽然困难重重，但前方有无穷的趣味，值得冒险，他下课后并不感到轻松，他的潜能被激发出来了，他不满足，要去“找事做”——这可能才是比较有意思的课。学生在课后产生了一些疑问，这些疑问令他好奇，他不得不用一些时间自行探究，找寻可能的答案，筛选信息，推理、猜测，做出大致判断，并渴望去和同学交流细节，这是有用的“教”。影迷们常有这样的经验：一部电影情节扣人心弦，看了一遍却有很多困惑，饶有兴味地看了两三遍，想弄清故事的来龙去脉，并着急地和他人讨论，最后发现每个细节都无比精致，富有意味，这种作品，有可能被称作“经典”。

经历了一些冒险式的学习，有些东西才能长久地留存在记忆中，时不时地在起作用，即所谓的经验与方法。

“没有问题”是严重的问题

经常听到这样的描述：学生带着问题来上课，下课时，他的问题解决了。人们把这个过程称作“教学”。教学传授知识和能力，教学能解决学生的困惑，教学能把孩子们从不会教到“会”……人们这样认识教学，同时，他们用考试成绩来证明所受到的教育是成功的；在平时，家长会自信地认为“我的孩子学习没有问题”。

我的经历告诉我，不是这样的。我小时候，《小学生守则》上有一句“上课专心听讲”。我后来明白，之所以有这一条，是因为有很多学生上课“不专心听讲”。他们为什么不专心听讲？直到我也开始不专心听讲时，才感到麻烦了：因为课堂上老师讲的我不需要听了，因为老师所讲的解决不了我的困惑。我在课堂上表示不理解或“我不知道”时，老师会冷冷地要我坐下。我上课从不调皮捣乱，我真的是有了疑惑，我想知道“为什么”，我甚至还没有刨根问底，而仅仅想让老师认为“我在想”是正常的，然而，有的老师已经表现出不耐烦。

“文革”结束后，我上大学，一些同学经历大劫，开始觉醒，我们多次在课上质疑教师讲授的内容。有意思的是，个别教师会停下来，认真听取我们的提问，肯定我们的质疑。文艺理论课上，教师举例批判肖洛霍夫的《一个人的遭遇》，说索科洛夫被俘后，在集中营里，当德国军官把面包、香肠赏赐给他后，他回到营房，和其他战俘“像狗一样地”分吃了。“这哪里像我们《红灯记》里的李玉和，赴宴斗鸠山，硬是不喝敌人的一杯酒……”老师举这个例子时，课堂上一些同学很兴奋，认为老师“立场坚定斗志昂”。我则认为这是非常奇怪的事，因为班上绝大部分同学根本没有读过那篇苏联小说（“文革”前即成禁书）。分组讨论时，老师问到我，我很诚恳地说起少年时代读这篇小说的体会，特别谈到经过“文革”的磨难，我个人对这篇小说的看法。我认为对九死一生的爱国士兵索科洛夫做那样的批判是毫无道理的，应当憎恨的是法西斯；同时，我也直言对“样板戏”逻辑模式的厌恶。我平静地陈述自己的意见，同学们面面相觑，担心老师生气。老师专注地听完我的发言，沉默了一会儿，缓缓地说：“你读过这篇小说，有自己的思考。但是，在目前，我只能这样讲。”他那句话一直令我难忘，其潜台词可能是：“其实你的观点是对的”、“我也不想这样讲，但我没办法”、“我的课堂我做不了主”……

三十多年过去，偶尔会面，那位老师还能认出我，我怀疑可能还是因为那个“在目前，我只能这样讲”的记忆。只是他做了高官，仍然会言不由衷。

我因此有所叹：我们做教师的，如果不能在课堂上说心里话，学生怎么可能成为有正常思维的人？同样，如果学生不能在课堂上发现并提出问题，不能发表个人见解，那样的教学又能有什么价值？那样的课堂谁会怀念？

时下中小学教育最大的弊端，就是不重视培养学生的怀疑与批判思维，相当多的教育工作者对教学中的“怀疑与批判思维”缺乏认识；他们甚至反对这个提法，为了能轻松、顺利地灌输，让学生“听话”与“服从”，让一代又一代的学生成为“驯服工具”。在奴化教育下，学生不可能有积极思维，他们在学习上总是被动地“被提问”，而不能主动地去探究问题的本源。当学习成为强制性的任务，需要用考试来压迫，而不是鼓励探索、获得乐趣时，学生当然只能等待教师的“教”，只能“接受”，只能“被灌输”。上课时我问学生：“这篇课文读过了吗？”“读了。”学生齐声回答。“有什么问题没有？”“没——有！”学生习惯地拖腔拖调，懒洋洋的。“好吧，”我说，“翻到下一篇课文。”学生神情惊异地嚷起来了:“还没教呢！怎么就翻过去啦？”我说:“你们不是说‘没问题’吗？既然没有问题，干吗要我教？”学生可能第一次遇到这种“不讲理”的老师，但他们很快明白，不讲道理、不会学习的正是他们。

一个学生在物理和化学课上把各种公式、定理背得滚瓜烂熟，离开课堂后却不能用这些知识解释生活中的物理和化学现象，连“联系”的意识也没有，“教学”对他的思维没有任何启示，他当然提不出有价值的问题。

如果学生提不出问题，我会认为自己的教学价值有限，我希望学生提出的问题能难倒我，那样我的教学将会有动力，也是有趣的。早些年，我的课上，不得不分出一些时间来让学生讨论，我试图通过讨论来让学生发现更多的问题。但我常常很失望，我难得看到有意义的质疑。

教师下了课离开教室，“教学”结束了吗？没有。教师离开了，但他的课堂表达仍然会留在学生的思维活动中。如果教师在课堂上“启思”与“导疑”，他的学生在下课后带着一堆疑问回家，那可能才是有价值的教学。

每次讲座结束时，都希望老师们能提一些让我想不到的问题，很遗憾，常常静场，可能是客气，更多的，是一些老师从学生时代起，接受的就是“没有问题”的教育。为了鼓励教师们提问，我总是要添一句:“我可以回答你们的任何问题。”为了不让大家尴尬，我会再加一句:“如果大家没有问题，我会认为今天的讲座很失败。”有时，会有一两位老师勇敢地站起来，但他问的是:“我想请您讲一讲今年的高考……”

每听到人们叹息“与诺贝尔奖无缘”，就感到可笑：丧失了个人思维与价值立场的人群，要那个奖有什么用呢？没有批判、怀疑和发现的能力，又凭什么想要那个奖呢？

你以为是对的，其实不一定

我对学生说，你以为是对的，其实不一定，事实很可能恰恰相反；同样，你以为是错的，也未必，如果了解了事情真相，你此前的认识立刻会被颠覆。

症结在于你以前的“轻信”。你以前被教得要“相信”的，无非是那些比你年长的，比你学历高的，比你有权的，比你——只要有一项比你行的，你都得听；于是，你的思维功能逐渐丧失了，你脑袋上顶着个键盘，成了一台谁都能朝你发指令的机器。

学生经过中考，到了我的面前。我会花时间了解高一新生的语文基础，发现他们多数没有查词典的习惯。我会问他们一些常用成语，然后让他们说说本义。

“恬不知耻”原先是褒义词啊，怎么就成了贬义词呢？“惨淡经营”怎么变成毫不相干的另一个词呢？“空穴来风”的意思为什么弄反了？……不说不要紧，一说全都疑惑了：怎么会有这种现象？而更多的疑惑，有人至死不悟。为什么没想到去查一下词典？学生面面相觑：大家都这么用了，还用得着追根溯源吗？很多词语知识，从小听家人说的，学校老师就这么教的，大家都这样用，我也用，习惯了……想不想了解一件事的来龙去脉？那么，上中学后，查过几回词典？有没有怀疑过书报、杂志上的表达？

是啊，思考与蒙昧，修养的高低，品质的优劣，往往体现在细微之处。

当然，我在这方面可能比较敏感，对其他领域的知识，我可能没有能力去追寻真相，但我想用这些困惑来说明：我们的知识是有限的，我们必须学会思考，不仅为了弄清事实，而且要在这个过程中开始有属于自己的思考和判断，提高思维品质。

能凭自己所学的知识，能凭社会常识去做辨析、判断，然后才接受，即使过程长了，速度会慢一些，然而这是自己获得的经验，是真才实学，会让生存质量明显提高。学生有了属于个人的思考，而不是等待灌注，“学”才开始。

前辈们太害怕“怀疑”这个词了，乃至于认为这个词等同于思想叛逆，“不听话”就是大不敬，有危险；然而，却没有想到，对一个人来说，最危险的，是“不思考”。回想1966年的事吧，像打开了潘多拉盒子，恶魔在几天内就让原本缺乏理性的中学生成为狂暴之徒，因为灌输给他们的“相信”迅速发酵成为“迷信”，把他们的激情发展为狂热。凡是用狂热取代理性思维的民族，都尝过专制暴力的恶果，无一幸免。

历史上，哪一次思想迷信没付过惨痛的代价？

教育的改革，无法等待社会启蒙，学生正在我们的课堂接受教育，教师不能等，在青少年成长的时期，要唤醒他们的思想。在普通教育中，教师要在每个环节注意学生的思维品质，一点一点地去做，有朝一日，学生才可能“觉悟”。

学古文时，有学生记“通假字”，很伤脑筋。我说，你得知道是怎么回事，简单地说，“通假字”其实是古代人出于各种原因写的错别字，现在你认为错的，当时不一定错。学生不平，说：“为什么我写‘通假字’要扣分？”大家都笑起来。问学生：你想一想，为什么要学“通假字”知识？也简单，让你在以后的阅读中，遇到疑难，多一条“猜”的路子而已。“能猜”、“会猜”还有“敢猜”，就是本事。以后遇到莫名其妙的字词，你大胆地去想通假字，可能迎刃而解。——教师只能这样一点一点地把各种“可能”推到学生面前，让他敢于“怀疑”，敢于判断。

有个小学四年级的学生说，语文教科书上有个病句，家长是中文系教授，认真读了几遍，发现果然是个病句，教材编者可能疏忽了。教授说，孩子能从教科书上读出一个病句，这证明他读书的语感已经不错，并且能有自己的思考和判断，这就是学习能力，至于他期末语文考多少分，不重要。

事理的简单与不简单

复杂的问题被简单化处理，简单的事理被弄得复杂，对学生思维发展都没有好处。

社会问题错综复杂，学生分析问题的水平却越来越低，症结在于学生独立思考意识薄弱，把问题简单化。学生之所以把问题简单化，是因为社会对青年教育的“告诉”、“告诫”太多。“告诉”多，降低了学生主动学习、探究的积极性，不利于培养他的思维；“告诫”多，约束自由思想，压制独立思考，容易形成思维桎梏。中国社会有这样一种传统文化：青年只要“听话”，就不会吃苦头或少吃苦头；倘若独立思考，一生将痛苦危险，“不听老人言，吃亏在眼前”。“听话”、“听从”、“服从”、“顺从”，头脑简单，也就安全了，“不会走错路”了。这就是中学生观察问题往往只会重复演绎现成观点的主要原因。

中学阶段的学习，学生面对的问题不一定简单，依据基本规律，把复杂的事简化并做分析，是可以的（这其实是应当追求的“简约”）；看不到事物复杂的一面，只停留在事物的表层，只能浅层次地重复现成的观点，让人成为重复话语的机器，那就是“简单化”了。

我启发学生时，常结合学生有可能关注或应当关注的问题展开对话，对学生说“事情没那么简单”，或者“其实事情就是那么简单”。

2009 年北京大学宣布：全国 39 所中学名校实行“校长实名推荐”学生上大学。学校名录公布后，全国媒体立刻热火朝天地报道，一时间炒得沸沸扬扬。其实，就这个问题直接观察高中生的反应才是最有价值的。我在课上让学生针对这条新闻做评价，要求每个学生“提一个关键问题”，学生比较有针对性的问题如下。

“这次‘实名推荐’要“推”出的到底是什么类型的学生？”

“为什么各校仍然按分数排名，并没有推荐真正有创见的学生？”

“这项举措究竟有没有可能给高考改革带来积极影响？”

“为什么其他高校对北大此举反响平平？”

“究竟谁是这场闹剧中的最大获益者？”

“这39所中学是‘名校’还是‘高考名校’？”

……

许多提问竟然都是在质疑，这是因为事涉学生切身权益，他们的考虑很容易直接触及问题的核心，其后的结果证明学生的怀疑并非没有依据。

上面是个看似复杂其实简单的问题，学生的观点和评论比学者的分析要简洁明确有说服力；而对比较复杂的社会新闻或问题，许多学生的判断就比较吃力。

2008年汶川发生大地震，有位老师，在地震时因恐慌先跑出了教室，事后又对自己的行为做了不恰当的解释，引发网络声讨，得一“范跑跑”恶名。随后在很短的时间内，教育部公布修订了的《中小学教师职业道德规范（征求意见稿）》，加进了“保护学生安全”这一条，强调教师要对学生生命安全充分负责。事涉学生权益，他们会如何看待这个问题？我注意到，一些学生只有简单思考，很多人甚至不闻不问。虽然涉及学生权益，却引不起他们的兴趣。我们的教育经常处在这样一种尴尬状态：最有价值的学习材料来自社会生活，却不能充分地利用社会问题作为教学资源；学生生活在社会，教育却沉溺在考试之中；学生在书本中学思考，却没有能力解析身边发生的事。

我问学生：“知道教育部的新规定吗？”学生表示知道。问学生：“你们对这项新规定有何见解？”学生一脸茫然，有的表现出冷漠。我说：“我有点疑难想请教同学们。”大家开始注意听我的话。

我问：“如果这会儿发生地震，在这间教室里，谁跑得最慢？”

学生说："老师。"

"为什么？"

"年纪大了，身体也不是很好。""有点胖。"

我问："那么到时候怎么办？"

有的不知如何回答；有的说："一块儿跑呗！"

我说："那不行。教育部规定我要对你们的生命安全负责，可是我已经没有能力保护你们跑了；如果有情况，你们不要管我，先跑吧。"

学生面面相觑，疑惑地看着我。

"这样不好吧？"有学生问。

我说："你的意思是不能丢下我？"

"那当然。你是我们的老师嘛！"学生的语气很坚定。

我说："那不行。你们为了关照我，万一遭遇不幸，舆论会认为作为教师，不但没能保护学生的生命安全，反而拖累了学生。所以我劝各位，到了关键时刻，无论如何，你们还是先跑，不要管我，这样反而成就了我的名节。再说，我老了，无所谓了。"

学生全都感到这是个难题，交头接耳，议论纷纷。

"不仅是我这样的老年人，教学楼里还有三位怀孕的女老师，你们注意到了吗？"我问。

学生纷纷点头。

"可是她们也得对你们的生命安全负责！"

学生忍不住了。有学生说："我不知道该怎么说。但是我觉得如果我们先跑的话很不仗义，以后想起来一辈子要后悔的。"

有个学生鼓起勇气，说："我们是青年，在危急关头，丢下老师逃生，是学生的耻辱。"

有学生说："我觉得，'规定'是死的，人是活的。在紧要时刻，只有强者、弱者之分，不一定只有老师和学生……"

我问学生："大家考虑一下，有没有可以提供给社会参考的准确答案？"

学生全都看着我，等我说。

“我也不知道该怎么办，也许到时候我们会知道。不过但愿永远没有那种时候。”我说。

又停了一会儿，“我为什么要问你们这个问题？仅仅是因为我没有能力保护你们的生命安全？”我接着问。学生不说话。

“好多事情没有那么简单。”下课时有个学生对我说。

——事情不一定有答案，但这正是我想听到的回答。如果我的学生对任何问题都能动脑筋去思考，我就不愁学生不会发议论，我就不愁学生说不出“我认为”。

为什么古人送别诗写得那么好

上课时，如果能有一个好问题，就像亮起一盏灯，一下子能让学生看到先前所没注意的事物，带动学生积极思考。学生“会想”，能举一反三，“教”的目的也就达到了。

2005 年高中课改后，我在某地听到教师谈选修课试教情况，几位老师说，“唐诗宋词选读”课，一个模块 36 课时，才上了一半，“已没什么新鲜感”，学生“审美疲劳”。当时对课改质疑较多，而应试教学折腾多年，确实让一些教师不知“自主、合作、探究”为何物。

我和几位老师交流，觉得他们过于拘泥于教学设计，死扣“思考与探究”题，只想到“完成教学任务”，而没有关注学生的学习品质和思维发展，不敢因时而化，因地制宜，他们的课堂没有“自己的智慧”，当然也就很难激发学生的学习兴趣。我谈过后，有老师问：“刚才你说‘最好每节课能有个自己设计的问题把课堂搅活’是什么意思？”

课堂沉闷，原因很多。学生和教师拿着同样的教科书，教师的思维量要高于学生。既然学生觉得“枯燥”、“单调”，教师就更不能照本宣科，要反思自己的教学方式，而不是“唐诗宋词枯燥单调”。那些诗词能传诵千年，怎么在你的课堂里，刚上了三五次课，学生就“审美疲劳”？教师缺乏智慧，不对教学内容做深入思考，没有创造意识，不关注学生的学习状态，什么好材料都可能在你的课上被糟蹋掉。

想起以前教诗词时问过学生的问题。学生在小学、初中会背不少古诗词，高一“摸底”时，我发现大部分学生能背诵百首左右，虽然一部分也属“不知其所以然”，但能“粗通”、“略懂”，大致意思是能知道的。

到了高中，更应当激发兴趣，培养探究意识，从而提升分析、鉴赏的能力。

我对学生说："我从小也读了不少古诗，我觉得唐宋时的送别诗、思念诗写得特别好，后世再也达不到那样的水准了；当代的送别诗，乏善可陈，也不知道是为什么。如果唐人都生活在21世纪，这会儿杜甫想念李白了，他能写出《天末怀李白》吗？"

因为"老师也不知道为什么"，学生就特别想帮我弄清楚。课，就是这么"搅活"的。

我的课堂足足热闹了十分钟，并没有争得面红耳赤，只有恍然大悟的开心和更上一层楼的惊奇，学生意犹未尽，争先恐后谈心得。

古代交通不便，通讯手段单一，邮传依靠车马驿站，看韩愈《祭十二郎文》可知，从河南到长安并不远，至亲的人去世那么多天，音讯才传来，而且信息不详。亲友一别，往往不知何日再见，如生离死别，故所抒发的感情真挚，不似今人，一个电话，甚至一个短信，都能迅速联系，买张机票，当天就能见面……所以，当今的"送别诗"肯定写不过古人。

由此又延展出新问题：古人送别，为什么总是送得很远？

学生说，一是生离死别，依依不舍，送了一程又一程；二是车、马、船，路口、津渡，各走各的，不似当今公共交通有"站"有"班次"……

为什么几乎所有送别诗的景物描写都很出色？因为古代城小楼低，送出城市，山长水阔，没有污染，生态比当今好，可以真正地"目送"……

学生通过想象，走进了"送别"的场景甚至那个时代，进入诗词情境，理解当时的人和事，我觉得，他能"想"能"悟"，一些内容就不需要我"教"了。我想到，以后他如果再读到"边塞诗"、"闺怨诗"，可能也会用这样的方法。无论什么学科，每个阶段的教学，都不能在此前的学习基础上低水平重复。如果教师没有这样的意识，也就不存在"教学"。

既然可以这样上课，那老师做什么呢？如果能提出一个有意思的问题，让课堂"活"起来，你的确就可以在一边歇着了。当然，你也可以从中受到更多的启发：一个班学生的智慧之和，往往大于教师。不过，如果教师以为可以随口问出一个促使学生思考的问题，未免浅薄。

蒸汽机是瓦特发明的吗

20 世纪 80 年代，没有电脑，出版物也少，连电视也没有普及，学校能利用的教学手段少，图书馆号称有 8 万册书，一半是“文革”期间配给的各种政治宣传资料。然而，在那个百废待兴的时期，老师和学生都有探究事物的主动性，有学习兴趣。因为迫切需要解惑去蔽，要花大量的时间冥思苦想，绞尽脑汁寻找资料。那种花费巨大代价所获取的，现今看来不过是唾手可得的常识，但课堂上那种探求过程让学生留下深刻印象，这些经验又让他对求知产生了更大的兴趣。

因为读物有限，那时学生作文发议论所用的例证往往千篇一律。学生特别钟情于爱迪生和瓦特，可能是源于小学读物上推介的科学发明励志故事。

有次上课，我说，你们举这些事例时，有没有怀疑过事例的可靠性？我觉得，你们的有些表述让我觉得不可靠。比如，“瓦特发明了蒸汽机”，大多数同学的表述是“少年瓦特看到水壶盖被蒸汽掀动起来，受到启发，后来发明了蒸汽机”，事实真的是这样吗？我们不妨来点假设和推理，也许很有意思。

于是课堂上我和学生有这样的对话。

我：只要是带盖的水壶，在水沸腾的时候，壶盖一定会被蒸汽掀动，或发出响声，大家同意吗？

学生：同意。

我：人类发明带盖的烧水器具，至少有三千年历史，我们可以从文物中看到古代的各种水壶。

学生：中国、外国都有。

我：在漫长的三千年中，难道从没有一个人发现水壶被蒸汽掀动的现象？

学生：不可能。

我：对，一定有很多人看到过这种奇怪的现象。在这些人中，一定有人想到可以把它作为一种动力。

学生：有可能。

我：这些人做了这方面的尝试。多数人失败了，但不能排除有人曾获得过成功。

学生：这说不准。有可能。

我:在获得成功的人中，可能有人试图向社会介绍、推广他们的发明，但没有受到重视，甚至史书不屑记载。

学生：有可能。

我：为什么那么多先驱的努力没有受到重视？为什么直到瓦特才会成为现实？……

学生讨论，有人回答：因为工业革命，机器生产需要动力。

我：我们或许可以得出这样的结果，生产力低下的社会，由于没有需求，科学发明缺少动力，受到限制；工业革命对生产力的需求使瓦特的蒸汽机得以推广。任何科学技术的革命都是生产力需求的结果。所以瓦特可能未必是发现“蒸汽可以成为动力”的第一人。

学生课后翻书，发现大部分书籍表述是“瓦特发明蒸汽机”，但有权威辞书，称“瓦特是蒸汽机的改良者”。但是，他们记住的未必是查书求证，而是课堂上老师的质疑提问与学生思考判断的过程。这就是有价值的“学”。这节课的对话，会让一个习惯随意举例的学生多获得一份经验，他也可能因此反思此前的表达习惯。

我们凭着假设和推测，获得了一个有价值的判断，这个过程形成的经验，举一反三，可以用于其他学科的学习，甚至可以用来推断某些事物的发展。

我常感叹，现在人们遇上了一个比较好的时代，不但获取信息的渠道多，而且便捷。有时我一件事还没叙述完，周围就有人捧着手机告诉我：“搜到了，老师说的就是这个……”

正因为一切太方便了，人们反而忽略了思维的经验，变得盲目和肤浅，一个不准确的信息，不经思辨而以讹传讹。从教师的教学中，从学生的作业上，都能看到那种未经思考的言说。哲人为什么主张“思考一切”，因为只有经过思考获取的知识才能转化为“能力”，思维品质建立在知识、能力的基础上。怀疑，有时依据的是常识，有时依据的是普遍真理，有时是靠逻辑判断，更多的必须通过积极思考，在实践中有所发现。毫无根据地怀疑一切，则是盲目无知。对传统观点和习惯说法，审慎地去认识判断，不唯上，只唯实，“大胆假设，小心求证”（胡适语），往往能有所发现。

中小学课堂教学，往往是“我说你听”或“我问你答”，按教科书设计教案，按教案上课。学生相信老师和课本，老师相信教科书和专家权威，教科书和专家权威听“上级讲话精神”……一个人回顾自己的学习经历，因为听话，所以很“顺”，然而论对社会的作用，充其量是个式样翻新的底层传声筒。

不能以刁难学生取乐

不要向学生提愚蠢的问题，不要以刁难学生取乐，不要过早地拿那些似是而非的难题纠缠学生，让他们对“学习”产生错误判断，或是对个人思考能力失去信心。

电视台的相亲节目中，有女孩问男子：“如果我和你母亲同时落水，你先救哪一个？”男子被问得有点不知所措。但作为观众，可能很多人能看清：这个女孩缺乏教养，粗俗无聊。

在公众场合用这个陈旧的愚蠢问题测试他人，需要超乎想象的无知，人们会认为这样的青年没文化，没受过教育，没有思想。然而，类似的愚蠢命题不但在生活中经常出现，也被一些教师在课堂上反复使用，他们或许认为这样的难题是挑战，他们试图以此来测试学生并引发论辩。

他们忘了学习指导者的职责，居高临下，试图以此评判学生的道德素质，测试学生的反应和智辩。如果学生缺乏独立思考，不敢对问题本身质疑，不敢对提问者发出反问，那么这种令人厌恶的论辩有可能败坏学生朴素的道德情感。在那样的课堂上，我总希望能有学生站起来反问老师：“估计无论我怎么答，都会引来新一轮追问。我承认自己无知，您是教师，富有经验，您为什么不来指导我呢？”在我经历的类似课堂讨论中，没有学生敢于这样反问或反驳教师。在课堂上，教师用自己无法解释的道德难题去为难学生，又说不出自己的见解，这不是“探究”，也不是“拓展”，这不过是娱乐，是刁难，有可能把学生引入错误的学习。

有一次，高校教育学教授带来一国外教育考察组，也给某班出了个“先救谁”的问题，据说也是要用“道德两难”来考查学生思维。当学生开始讲述理由,争论各种可能的条件与机会时,中外两国“心理”与“德育”专家都表现出兴趣，他们可能在无数学校这么干过，他们并没有属于个人的选择判断，他们只想以此“研究学生”，他们想要“数据”，而丝毫没考虑这种测试对学生心灵的伤害。这就让人猜测 ：在生活中，他们会不会是那种言行不一、极端自私的虚伪之徒？以捉弄学生为“科研”，真正的教育者不会做那样的事。

但这一回,他们遇上了麻烦。有位学生被提问时,坦然地说:“依本能，我会先救离我最近的那个人。至于其他，我看你们什么也别问了。”

这个伪问题就这样被撕破了，同学们认为这是最得体的回答。

我常为一些所谓的专家感到羞愧，他们只不过多读了几年书，就颐指气使地冒充人生导师、精神导师，肆无忌惮地在青少年面前高谈阔论。可是学生没有“导师”们的世故、复杂，他们能真诚地表达自我；虽然他们也可能受骗上当，比如“文革”那种反人类的浩劫，在开始时主要利用了青少年的狂热，但学生不会像那些文化权威一样，为了个人利益而颠倒黑白，指鹿为马，为虎作伥。

千万不要用那些所谓的“道德两难”问题去测试中小学生，如果不得不面对那样的难题，教师必须向学生敞开心灵，有所“示范”，才可能形成合格的“教”。

因为思想，所以不安分

有位学生在随笔中写道：汉语中有句莫名其妙的话，叫“望子成龙”——人们为什么不希望孩子成为真正的“人”呢？

讲评时，有学生说，如果这个班有几十条“龙”，那种蠕动、纠缠在一起的情景会令人生理上感到不舒服。他的话很幽默，引起一片笑声。当被问到是否喜欢“龙”时，多数学生表示没有认真考虑过，部分学生表示不喜欢龙的形象，而心仪猛虎、雄鹰，甚至美丽、精致的昆虫。那么，谁规定中国人是“龙的传人”的？为什么非得喜欢龙、敬重龙？有学生说，凡是皇权文化的象征物，他一概厌弃。我认为这个学生的回答“有理由”、“有原因”，需要认真对待。也因为学生有这样的觉悟，他们对称“状元”，称“夺魁”，自诩“天之骄子”，谈学校“门第”之类，都很敏感，表现出应有的警觉。我不觉得这是狷介使然，也不认为他们神经过敏。虽然落后的文化“就像亲戚朋友一样摆脱不了，渗透在每一天，每一处……”（学生语），毕竟，落后文化不属于“教育现代化”，终有一天，人们会用异样的眼光打量鼓吹“望子成龙”的教师和家长。

我尊重这些“不安分”的学生。

学生的文化批判，来自他的思考，这类思考也许有不全面之处；但思考本身，有不可估量的人生价值。然而，这样的学生，往往被教师认为“不安分”，这些老师对“不安分”的学生，总是格外操心。

教学，要让学生“会思想”；要学生“思想”，不是让学生复制教师的想法，重复教师的路。合格的教师，教学总能有个人见解，也会鼓励学生有属于个人的思考；拒绝学生批评，不让学生质疑，那样的“教学”

能有什么样的结果？所谓教学低效，很大程度上得归咎于教师专业素养不足——仅仅是在常识层面，还谈不上“胆识”。教师要学生“安分”，简而言之，即，“你想想也就罢了，何必要说出来呢？”可是，既已“想”出来了，不表达、不交流也就没有价值。教学不能违反常识，不能违反认知规律。

希望学生“安分”，反对独立思考，教育就不可能培养“雄健的国民”（李大钊语），而只能培养顺民或奴才。就教学意义而言，学生都“安分”，教师的课自然也就是“一言堂”；教学没有批评和质疑，教师权威就“稳定”了。在这样的课堂里，学生会有“创造性思维”吗？如果中小学阶段不培育这样一种质疑、思考的精神，学生非但不会有什么出息，连生存的基本能力也会丧失。

教育教学上的“安分”，自然要培育“循规蹈矩”，不能让学生“东张西望”，更不允许“胡思乱想”。相信老师们都有这样的经验：学生不爱思考，谨小慎微，一般比较平庸，至多也就是“会过日子”的人——得一份工作，小心侍奉，把一点利益经营得自我满足。“思想不安分”的，日后虽不免坎坎坷坷，毕竟“走自己的路”，往往活得有声有色。如果因为“有思想”而被人们拒绝，那不在于他“不安分”，而是社会可耻、可悲。

教师能有一群“不安分”的学生，学生有独立意志，甚至具有超过教师的独立见解，应视为教育教学的成功。教师不要怕下不了台——你的胸襟有多宽广，学生创造的天地就有多大。

在课堂上，我总在期待，我希望学生有独特见解，我想听到与众不同的表达。那些经过深思熟虑的质疑，那些异于常规的阐释，会像闪电亮彻教室。

我更希望课堂上始终有思考的光芒。

要了解学生的“想”

课堂上学生最重要的活动，是“想”；教师的教学，目的也在于引导学生“想”。教师应当了解学生在想些什么，否则他的教学很可能是盲目的。在小学低年级教学中，这个问题可能特别值得探究。儿童在想些什么？他们对世界会有哪些疑问？他们会不会、有没有能力把不明白的问题全都问出来？……和小学老师交流时，我常常忍不住要请教这类问题，我对儿童的思维方式与认知过程充满好奇。——我们也是从那个年龄走过来的，但有些过程被淡忘了，于是我们在课堂上会遇到各种各样的困难。

有一则欧洲幽默故事，很有趣。孩子从外面跑回家，告诉父母：“刚才街上有匹马倒下了，人们都在喊‘找兽医！快去找兽医！’后来，兽医来了，可是，兽医是个人！”——此前孩子为什么认为“兽医不会是人”，是他没接触过兽医，也可能读童话读多了，以为马生了病会有“马医生”，鱼生病得找“鱼医生”，他就是这样类推的。我不得不惊叹：这孩子在发现“兽医是个人”之前，他的世界多么奇特、美妙！我竭力推想一个儿童的推理逻辑和他的世界。因为常想起这个故事，我对儿童的讲述总很有耐心，我期待从中获得更多的启示，发现好的语文。

最近有初中生诉说课堂经历，说历史测验错了几题，简单的知识题，测验卷故意多绕两个弯子，一不留神，就上当了；“不考不会错，一考肯定错”。她认为这类捉弄人的测验毫无价值，但老师非常在意班级平均分，上课时专挑“不在乎”的学生训话，点名她站起来，问：“知不知道自己错在哪里了？还好意思笑呢！”该生性格开朗，她笑，是因为觉得老师的话可笑，错了几道题难道就该哭？于是故意说：“我不知道错在哪里呀？”教师更生气了，质问：“拿到卷子也不知道？”学生回答：“看到叉叉了，但我不知道错在哪里呀？”老师气急败坏，发了一通火，全班看热闹。我认为学生这样回答也没什么错，倒是教师问话逻辑不周密；再说，学生做错几道题，至于要这样大动肝火吗？学生在课堂和老师“拗”，往往在于教师只看到“对”或“错”，不了解，也不想了解学生的状态，把教学过程看得太简单，完全不了解学生在想什么，想知道什么。当学生看到“毛泽东第一次用电话指挥的战役是：A、……；B、……；C、……”时，他非但不觉得这个学科有学习价值，很可能还会觉得这种思维方式是愚蠢的，考得越好越蠢。

教师在课堂应当密切关注学生的思维与情感状态，通过引导、分析、探讨等手段，激发学生的学习兴趣，在质疑和交流中有所发现，促进思维品质的提升。教师熟悉教学内容和教学过程，能了解学生思考问题的一般特点，知道如何引导学生关注，如何把问题引向深入，让学生的思考能时时“朝前跨一步”，这就是“教学”要做的事。我常想，所谓的教学乐趣，往往是因为能想到“今天的课上他们将会被震撼”、“今天课上的激烈争论将会被下课铃打断”、“今天下课后那几个肯定要来刨根问底”……

我在课堂上既关注那些“一肚皮问题”又能有主见的学生，我也关注那些缺乏兴趣的学生，我想知道他们为什么缺乏兴趣，为什么找不到解决问题的途径，他们为什么在“等”。

我的确经常失望。对一节课，我能有足够的课堂准备，我对一个教案的设计反复推敲，在备这节课时，也调动了之前的很多积累。课上完了，好像很平常，我甚至感到累。真正参与课堂交流讨论的学生往往并不多，多数学生在听取其他同学的发言时，神情淡然；听完了，他们也没有我预期的反应，像是“无可无不可”，既不反对，也没什么兴趣。“哪位有补充？”我会问，然而无人呼应。于是我把学生的回答归纳一下，转入下一个环节。很多时候，我的课就是这样结束的。

处于这样的状态，时间渐长，有了倦怠感，我开始怀疑自己的教学是不是有了“惯性”，或者惰性。学生的意见反馈，认为“老师教得好”；我则觉得学生“学得一般”；我认为考查学生，能说明问题的不是分数，而是他们的思维品质、学习状态与情绪。学生没有批判和质疑，不谙变化，也会造成教师的平庸。课堂上，有时能看到学生非常关注我提出的问题，生怕漏了一个平常的意思，他们会很急切地问同桌：“刚才最后一句说的是什么？”“他不同意作者的意见还是不同意教材的意见？”我从这里看出，学生对课堂还是抱有期待的，他们关注教师，也在关注同学，他们有自己的观察和思考，我觉得可能是自己忽略了学生的课堂习惯，他不表达，不代表没有“想”。

其实，大多数学生很希望在这个课堂里能观察到不同一般的思维方法，他要看教师和同学是怎么“想”的。无论是老师还是同学，如果他们能有些“不同”或“特别”，在那样的课上，都会有学生“受激励”或“被唤醒”。教师一成不变的照本宣科会让学生的心灵麻木，让上课成为被动寻找“接近或符合标准答案”的过程，教和学两方面都会出现倦怠，于是课堂很难培育兴趣和创新思维。

教师随机提了一个问题，问题由教学内容向外延伸，或是出现了对立与矛盾，或是与习惯思维产生碰撞，于是课堂开始变得活跃，教师从中会发现进一步推动、发展学习的机会。这种“随机”，往往基于对学生的观察和了解，教师心中有数。课堂的“静”与“乱”都不可一概而论。有时，教师用一连串的质疑打破了平静的课堂，学生思维受到冲击，被“激活”之后，开始争论，教师在倾听，并导出新的疑问。这时，绝大部分学生的思维是活跃的，即使他没有发言，但他会观察、辨析并评价课堂上所有人的发言，而这样的观察、辨析同样有价值。

“刚才他的反问比老师的解说有趣。”

“他的这些见解是怎样冒出来的？”

“为什么他会在短时间内找到这么多支撑论点的依据？”

“我常和他一起，没想到他会这样冷静分析问题。”

“他是在第二个环节上走入歧路的。”

“他是怎样看出不同来的？”

“他又开始诡辩了，这是他的一贯战术，马上要轮到老师发急了……”

“他刚才如果用词准确一些，就不会被抓住……”

“老师这会儿如果看到我，我要示意她我有话要说……”

——所有的思维活动，就发生在课堂上，如果教师成为课堂学习的组织者，就必须了解学生，能想到那几十个脑袋各自在想什么，或是会怎么想，有经验的教师能从学生的表情、眼色上判断出他“想”到了什么程度。

课堂上有些问题，本身就是用来“想”的，不需要答案，没答案比有答案有趣味。缺乏智慧的教师会穷追不舍地要正确答案，一口气请七八个学生逐一回答，结果让学生觉得自己的思考无价值，或听凭老师带往一个方向，或一言不发，等待。

三十多年前，我在课上问学生是否想过春秋时代军队如何打仗，我想到的是，学生如果没有想象画面、场景的能力，读《左传》《史记》就很难有兴趣，只会纠缠在“文言文”上。那时没有多媒体设备，学生口述加比画，或者画图，可以看出，一个班只有三五人思考过这个问题，怪不得读《曹刿论战》《鞌之战》，大家感到吃力。我后来曾谈到，让北方骑兵能长时间坐在马上，真正形成持续战斗力的，可能是因为借助汉人发明的马镫，约有三分之一的学生神情惊讶，似豁然开朗。那节课我的印象特别深，与教学内容可能相关的一个细节，有可能激发学生的想象，或是让他的困惑迎刃而解。还有一次，讲古诗，问：唐朝诗人怀念友人，写了诗，他们是否知道友人此时在何方？这些诗究竟有没有寄出去？他的“赠友人”、“答友人”怎样才能传到友人手中？古代的驿站究竟是怎样运行的？那些奔波的驿者是否知道马背行囊中装的不过是一首诗？学生能据此类推出更多的问题，思绪飞向不可知的遥远。对爱思考的学生，教师能给出一些好问题，便几乎不要教了。如果教师比学生能“想”、敢想，学生的思想就能没有边界。

属于教师自己的“课本”

“课本不过是个例子”，这句话是叶圣陶先生说的，他说的是常识，理解这句话的内涵并不难。

课堂要教给学生的，是思维方法，如果以“教知识”为务，那就没完没了，学生永无毕业之日。人类知识如海洋，学校所教，不过一瓢；中小学生 12 年读书，只得一瓢，会很快干涸。教师拿课本作例子来“教方法”，学生有智慧，如知道汲水之法，一生受用。懂得“课本不过是个例子”，是做教师的第一步。

但课本必须是个好例子，这是教科书编者的责任。

多年前，时时痛感某些“课本”缺乏理智，主张荒唐，质量低劣。小国寡民，尚且视教科书为国家教育命脉，关乎民族未来，关乎人种素质，不敢掉以轻心。中国幅员辽阔，历史悠久，应当有根据不同地区发展需要的标准教科书，然而教科书建设一直受到各种干扰。改革开放多年后，有机会接触到其他国家和地区的教科书。有限的样本，已让我看到了教育观的差距，那些优质课本像抚握儿童小手的温暖大手，像思想巨人俯下身子，像父母在轻声言说；那些“好例子”，像是一扇扇敞开的窗户，让孩子们发现一个又一个的惊喜。教师用这样的课本教学，也能获得更多的启示。

1974 年我在农村小学代课，拿到的《语文》和《算术》教材，让我深深感到活在蒙昧时代的耻辱，让我觉得自己的教学没有价值。这些不是“语文”，是粗俗、野蛮的标语口号及阶级斗争语录与故事；“算术”的应用题则总是“东方红公社”、“解放大队”、“卫星生产队”、“红卫小学”，“五个红小兵和八个贫下中农”……有知青被“推荐选拔”上了大学，来信说大学上外语课，除了不多的英文知识之外，还学会了俄语“缴枪不杀”。在愚蠢的年代，用一套愚蠢的教科书，把学生教成维护愚昧的人。真心希望教育界能保存并展示一些这样的“文物”，让人们看看，我们有过什么样的昨天。

回忆“文革”疯狂年代，课堂上要讲那些反文明、反人性的“例子”，令人不寒而栗！人的学习是精神和生活的需求，坚持那些鬼话谬说，一个民族怎么能在人类社会立足！

1972年省里突然检查“扫盲”，公社布置“突击”，生产大队集中几十名文盲社员，让我教他们识字，半个月要完成“识字1200个”的任务。我看了那个“识字表”，上面有关“阶级斗争”、“反革命集团”、“抓革命促生产”、“学大寨”、“计划生育”的标语和政治用语，有几百个字，也就是说，扫了盲，也不过是能读标语口号。在识字班，大妈、大嫂们比较认真的，是学习辨认“锄头”、“钉耙”、“扁担”、“挑水”、“煮饭”、“工分”、“稻子”、“元麦”、“青菜”、“萝卜”、“春节”、“清明”、“谷雨”、“祖宗”、“姑娘”、“媳妇”……她们想识“有用”的字。

不好的课本，可以用来识字，是我当时的认识。但改革开放年代，我到中学工作，通用的仍是低水平的“统编本”，于是我想到，如果没有“好例子”，教师便只能在现行课本上改造例子了。比如，凭什么非要讲李白、杜甫的“局限性”呢？凭什么要鼓励学生当烈士呢？每告诉学生一种美，何必非要强调“美中不足”？过多呆板的“例子”，导致学生思维僵化。我上课时，往往会说，“对这篇作品，有另一种观点”、“建议你换个角度看问题”、“教科书讲的不一定正确”……课本不新鲜，两三代人都学同一篇文章，我在学校教，学生回家“二传”，爷爷、奶奶吃惊地说：“你们老师胆子大，敢讲真话，我们当年的老师可不敢讲。”“讲真话”竟然比说假话还要有胆量，这比没有教育还要糟糕。

从20世纪80年代就期待能有一套好教材，以适应社会的发展。但好日子不是等来的。我和同事们利用个人阅读积累，多次编写阅读讲义，把经典美文引进课堂，挑选优秀读本进课堂。1983 年，我教的一个初中班，大部分学生一年内读完三百段古文，其中有一半内容是在课堂上讲读的。1993 年，买不到合适的古文读本，我们自己动手编了一套救急。总之，开拓学生的阅读视野，教师不能满足于一套“统编”的“例子”。

什么样的例子是能培养习惯、发展思维的好例子？是那种需要学生踮起脚、举起手，甚至跳一下才能“够得着”的。如果课本缺乏这样的好例子，教师就必须去创造，有属于自己的“课本”。我教语文，就应当认识到，鲜活的语文来自生活；我如教物理、化学，我就应当即时地解释“周围的物理和化学”。教师有能力发现更多来自生活的例子，学生的“课堂”就会变大，就能随时随地从生活中“学”，逐渐成为一个善于学习的人。这个道理，适用于所有的学科。20 世纪 90 年代，南京报业竞争，报贩每天早上有八九份报纸可卖，五角钱能买三种。有次上课我买了 50 多份报纸，发给学生，看完了交换，然后评价各报长短，讲新闻要素，讲报道写法，评语言表达，评标题排版，找文字错误。学生在一节课上看二五种不同报纸，有了比较，对假大空的报道和恶俗新闻有了正确认识，这比教科书上的新闻知识“例子”有用。

学生毕业 20 年后回校，谈到当年的语文课，说，我们就希望老师不要讲书上的课文，除了古文，其他内容看不下去，简直侮辱人。我说，当年全国只有那一套教科书，是“法定”的，但是，课堂是我们的，老师应当有能力去改造、创造，有属于自己的“课本”。

让思考点亮课堂

鼓励独立见解

一名学生，当他发现“想”的乐趣时，当他开始有理性批判与怀疑精神时，他会有充实的内心，会有对探索的热爱，这样他才能始终充满活力，他才会真正认识到世界的美妙。关注社会，从思考身边的事物开始。学生在学校受教育，所受教育是否正确，他是否有追寻事物真相的愿望，教师能否为他提供发表独立见解的机会，学校能否建设自由言论的环境，都非常重要。

学生不盲从，敢于表达自己的观点，是对教师的信任，值得肯定。有个校长在晨会上说：“虽然炸油条也算一种职业，但我们学校毕竟不是培养炸油条的。”当天有学生郑重其事地问：“老师，请问，你是否同意这句话？”我听出他的情绪，反问他：“你听出什么‘意思’了？”学生说：“校长说话的口气，表现出对炸油条这个职业的鄙夷。但是，炸油条是正当职业，是‘劳动’。作为校长，在公开场合向全校说这样的话，是对‘劳动’的侮辱。”我再问：“那么，你认为学校应当培养学生什么呢？”学生说：“学校要培养学生的自尊，培养学生对劳动的尊重；至于学生毕业后从事什么职业，并不重要。”我很想告诉他：校长说那样的话，是教育的不幸，也是社会的不幸；但学校有你这样能独立思考的学生，这个社会还有希望，因为你不但能敏锐地发现问题，而且有自己的见解。

质疑不是乱问

教师是课堂“启思与导疑”的发动者，他的设计必须符合认知规律。

有个班主任偶然看到一篇“问题教学”的文章，不加思考，信口要求学生“每人每天向任课教师问 10 个问题”。于是闹出很多笑话。学生为问而问，失之荒唐，任课教师见到如此多的幼稚问题，不胜其烦，几乎丧失教学信心。有任课老师这样处理：请学生分析自己的 10 个问题——哪些是没有价值的？哪些是“明知故问”的？哪些是可以与同学交流解决的？哪些是可以通过读教科书就能解决的？哪些是大而不当的？……如果老师只能回答你三个问题，你删去哪七个？如果只能让你提一个问题，哪一个是非问不可的？用这样的方法发动学生思维，一些问题在这样的追问下获得解决，最重要的，是让学生明白：质疑不是乱问，思考要讲方法。

“灌输”不会形成“教学”

课堂上对学生灌输，直接告知结果，让学生强记，教师不传授方法，学生缺少探究过程，也就是说，没有形成“教学”，这样的课堂状态，有教师专业素养的不足，有教科书设计的缺陷，更有文化传统的因素。观察高中某些学科的教学，课程长达三年，从开始到结束，有些学生始终不了解该学科的价值，始终不能进入学习状态，劳而无功，白忙一场。因为社会因素制约，所“灌输”的一些内容是错的。学生成年，要靠后期学习才能一点一点地纠正，这也是我们那代学生不得不在成年后用大量的时间去寻寻觅觅的原因。

有些问题只是用来启发思考的

课堂提问是不是一定都要“解决”？是不是一定要让学生找出答案？未必。有些问题只是用来启发思考的，不需要或者根本没有答案，它的提出，价值在于引导学生寻找可能的路径，或者保持对问题的关注，持续地思考并探究。

回顾自己的教学，有些问题至今没能想出令人信服的解说。带着疑问生活，很正常，思考一个问题长达二三十年，甚至一生，也很正常。

可能还会有这样的现象：提出问题的那个人自身并没有深入思考，甚至早已不在人世，但是思考者从无尽的探究与推想中体会到妙不可言的乐趣，逐渐成为有智慧的人。

令人空虚的是“没有问题”。

学生是时间的主人

好习惯不是靠压制就能形成的，否则学校就成工业生产的流水线了。不该管的，不必管，教育者要把精力更多地用于为学生营造成长的环境。学校是学生寻梦的精神家园，学生也是主人。

早些年，我所在的学校到处贴着这样的励志标语：“给你一部历史，让你翻阅；给你一种文化，让你感受；给你一些时间，让你安排；给你一个舞台，让你表演；给你一些机会，让你创造；给你一个期待，让你自我成长。”——不知这个排比句是哪儿来的，我明确反对这样的提法，教师不能容忍用错误观念去“指导”学生。稍微动脑筋思考一下，就会发现这段话背离了教育本质和常识。

标语贴进了教室，我不得不在课堂上和学生讨论一下。

“给你一部历史”——请问，什么“历史”？谁能给？怎么“给”？“给你一种文化”——请问，“文化”堆放在哪里？怎么能够把“一种文化”“给”一个人？“给你一些时间”，——对不起，问题弄大了，谁的时间谁做主；学生的时间怎么也得由你“给”呢？……

不管怎样宣称“学生权益”、“学生主体”，在混乱的教育观中，学生无足轻重，他们的大脑成为生产线上的“待灌容器”。这种所谓的教育追求，不知不觉间，让学生从“奴在身者”渐而变为“奴在心者”，一名有独立意志的青年不可能接受这样的命运。学校的管理者如果把一切有形的、无形的教育资源都当作私产，把教育当作一种制造行为，真正的教育就不可能发生。

第四辑　常识 常理 常情

认识你面对的学生

大学毕业，再次接触中学生时，我已32岁，用当年的话说，“在社会上混过”，有些人生经验。学生调皮，读书不用功，有心理问题，有这样那样的困难，我观察和解决问题的方法，并不是书本提供的，也不是老教师传授的，更多的来自个人思考和经验。应当说，我对那些困难有足够的准备。经历十年“文革”，一直在读“社会”这本大书，有理想，也有激情。当时很多同学师范毕业不肯到中学，嫌没地位，嫌教学工作没意思，往往也是因为害怕面对学生。然而，这些对我都不是困难。

30年前，我曾根据学生的性格和志趣，对他们的未来做过一些预测。之所以做这件事，是想弄清基础教育该做些什么，教育所做的一切，究竟有没有用；如果能推测未来会发生什么，那么我们今天该有什么样的准备。现在看来，当年有些推想比较符合学生的实际，人的个性发展的确有“轨迹”。唯一没考虑的因素，是经济大潮的冲击，二十多年前，怎么也没想到有那么多学生会成“总经理”和“董事长”。而那时的某种担忧却又不幸被这个社会无情地推成现实——因为名校的气氛相对洁净，学生没有很强的与社会“融通”的能力，走上社会后多了一些困惑。

了解学生，是教师的教育职责；如何了解学生，则是对教师智慧的检验。当年学业负担不重，下午放学很早，学生会找到办公室来和我说话；我总是愉快地放下手中的事接待他们，从没说“我忙，你明天再来吧”。因为我想到，他（或她）是鼓起勇气才来找我倾诉的；也许和我谈过后，今晚他会放心睡一个好觉，会感到愉快，或许会兴奋地把和老师的谈话写进日记，甚至会和同学分享，会向父母炫耀“我和老师聊天的”……

而我手上的这些事，晚上迟点睡就能做完。我不明白，为什么有些教师在工作了较长一段时间后，仍然不想了解学生。如果不研究学生的状态，学生疏远老师，他们也会疏远知识与文明，教师的教学将没有什么价值。

为什么学生会厌倦学习？为什么他的学习状态会时起时落？他的兴趣究竟在哪些事上？他周围有什么样的人在影响他？他的心里是否怀有某种恐惧？……做教师的不去探究，有可能失去最佳的教育机会。

很多学生的经历值得一说。有个学生从高一下学期起，学习一蹶不振，无论家长如何焦急，她就是“爬不起来”。学校没有排过名次，但该生不断埋怨“考错学校了”，说如果留在原先的学校，不一定会这样落后的，即所谓“宁做鸡头，不做牛尾”。这样的学生，往往在初中比较顺利，考进重点中学，失去了原先的学习优势，没有老师的特殊关照，也没有人夸他了，这时很容易“滑下去”。所以，每遇招生咨询，或是对高一新生讲话时，我一定要把这种现象说给大家听。你说准了他的心思，他有了心理准备，或许能少些困难。但我也发现另一种现象：有些学生，无论在普通学校还是名校，也不论在什么“层次”的班级，他都能“始终徘徊在中等”。这种类型的学生（在社会上也常见到这种类型的人），任你批评他“平庸”、“不思进取”，他都无动于衷。其实，“安于现状”、“易于满足”，也是一种人生选择，其间自有乐趣，没有必要指责。

期中或期末考试结束，教师在阅卷，会有学生故意在办公楼前走来走去，这是想让我看到他（起先一般是女生，后来男生、女生都会这样）。我知道，这些学生是想打听考分。出于理解，有时我也会喊她一声，她会立刻跑过来，急切地问：“老师，改完了吗？能告诉我吗？”我把成绩告诉她。但问完了，她还会问：“某某呢？某某某呢？”这个“某某”和“某某某”不一定是她的死党，而仅仅是她心目中潜在的学习竞争者。我一向反对所谓的“学习竞争”，但我不能点穿她。她的学习成绩很好，但总有些惴惴不安，总想着别人会超过自己。这不是品格问题，是性格缺陷，我会在她信任我时，委婉地说出自己的建议。

了解学生在想什么，也就大致能了解他成长中发生的各种不确定因素。但我认为，无论如何不能夸大教师的作用。韩愈说的传道、授业、解惑,其实是指“经师”。基础教育是普通的国民教育,学生处于“开蒙”阶段，更由于社会的影响，这个任务不是一两个人、一两年时间就能完成的。

以前看到人们回忆某位教师，说“他改变了我的一生”、“没有他就没有我的今天”，我觉得极其神奇。我做教师后，也得过这样的称赞，我没有发晕，我觉得自己没有那样的神奇。我所做的工作其实很平常。也许是那个孩子此前运气不好，懵懂无知，竟认为没有遇到一个令他信服的教师，也就是在他迷惑之时，在他消极之时，在他准备放弃之时，甚至是在他感到绝望之时，我无意间的一句话启发，或是用了一两个小时倾听（从没有人那样耐心地听他表达内心世界，使他感受到尊重），或是和他一同感慨，甚至是和他一起宣泄（他从这里发现教师是个活生生的人,从此有了真正意义上的精神友人）。——就这么简单。为什么？把他当作一个普通人去了解，而未必要去考虑什么“教育”，在平等的相处中，学生逐渐清醒了，睁大眼睛看世界了，站直了。

有阅读习惯才可能有优势

上课时，面对学生，我会想象着他们未来在社会上的姿态。再过二三十年，当他们回顾中学时代时，会有哪些遗憾，会有哪些庆幸呢？

和毕业多年的学生谈阅读，我们话语的交叉部分不是很大，除了专业背景因素，也有趣味的不同。但我不解的是：他们对子女教育的一些判断是违背常识的，和我当年对他们的教育不一样。这就是说，我当年教学的价值是有限的。他们告诉我：老师教他们时，家庭对孩子教育基本是听学校的；现在家长QQ群、微信朋友圈里的危言耸听，让他们不得不“从众”，如果听老师的，则是冒险了；老师说“最重要的是阅读的趣味和习惯”，可是孩子一次测验少考几分，从任课教师到班主任，都会给孩子施加压力，而少读两本课外书，对学习不会有影响。

不能不说，一些教师和家长认定的“尖子”其实不过是考试机器。目前的考试制度造就了一大批这种没有阅读兴趣，缺乏辨析能力，却善于利用考试模式取得各种证书或文凭的精神白痴。在中学招生咨询处，常能看到家长摊开一堆五花八门的证书，喋喋不休地讲述孩子如何优秀，旁边站着一名表情呆滞的孩子。

有大学教授叹息，高分录取进来的文科大学生，文学知识和历史知识往往是空白，甚至不如社会一般人；他们所知道的教授或作家，多是中小学课文作者，除此以外，几乎说不出其他任何一部作品；如果问他最佩服哪位学者，他会想一想，说“余秋雨”、“季羡林”。这可能已经是他的全部，你肯定不敢再问了，再问就会闹笑话。

应当在中小学阶段阅读的书，到了大学或是走上社会后再去补，一是不可能，二是失去价值、意义。读书是一种习惯，至于怎么读，到了中学，特别是高中，其实已不需要教。如果学生在幼年没有养成对阅读的兴趣，到了中学，用反复强调或考试施加压力，作用有限，甚至适得其反。

目前困难的，是社会（也包括学校）误把“阅读”当作“语文科”的教学内容，而没有认识到它是所有学科学习的基本能力。“学好数理化，走遍天下都不怕”的粗鄙，造就了恶俗不堪的社会物质化。学生看到，在这个社会里，不读书的人也生活得非常愉快；在学校，那些没有阅读积累的人，也照样能胜任高中应试教学。没有文学阅读经历，没有审美经验，不影响他（或她）在这个社会里如鱼得水。

课堂里走出了高考高分的学生，但他们的阅读能力并没有达到建设文明社会需要的水平，这种规格的劳动力能适应“生产”、“制造”的需要，但他们缺少想象力与好奇心，缺乏能够发展社会文明的创造精神。

学生只要能放弃为克服恐惧的“补习”，每周就可以省出一天或半天时间。如果他养成了自由阅读的习惯，两年下来，他的阅读量可能比热衷恶性补习的同学高出五倍到十倍，甚至更多（因为相当一部分学生基本不阅读）。

文明教育中长大的学生，自幼接触美好的故事，广泛的阅读滋养了好奇心和想象力，他们总是能睁大眼睛观察世界，对新鲜事物怀着惊喜。他们在阅读时，能想象出场景、画面，判断事物内部的联系，推导出可能发生的事。形象思维和逻辑思维互相作用、推进，美好的故事抚慰着心灵，他经常能从阅读中获得启示，自我激励，逐渐获得“境界”。

阅读基础好的学生，克服困难的能力显然不同一般，他获得知识和经验的能力超过一般人。因为有阅读做向导，他的精神通道可以通往无限的时空。

真的“观念没有问题”吗

在教学交流中，校长或教师往往说：“现在教学观念没有问题，就是课堂教学方法需要改进。”我感到费解：教师的教学观念已没问题了，“课堂教学方法”怎么会那么落后呢？相比而言，知道“为什么要教”比知道“怎样教”要难得多，很多教师的教学观在经过长期课堂实践后，才逐渐清晰、逐步端正。几轮教学下来，教学技术过不了关的教师，多数是观念问题，如果有正确的教学观，知道为什么而教，则很多具体的“方法问题”通过思考摸索便可找到解决途径。

如同我们的教学，让学生知道为什么要学，是最重要的任务。如果学生始终不明白“为什么要学”，无论怎样苦口婆心地教他“怎样学”，效果都很有限。

我关注这个问题，是因为看到一些教师和教学管理人员的经验介绍，在那些作为工作实绩的文字中，常把教育教学的目的说得庸俗不堪，用世俗的话说，他们不认为那些话“上不了台面”，他们能将其整理出版，作为成绩上报并获奖。从那些文字材料中，可以看出他们如何缺乏教育理想，如何违反教育常识，如何以极端功利的态度指导野蛮教学，无法想象学生在那样的课堂上能学到些什么。我常为那些思维混乱的校长、老师感到担忧，因为白纸黑字留存于世，有朝一日幡然觉悟，会令他们无地自容。

时下“培训”很多，多数教师在接受培训时，想的往往是“怎样能有效地完成教学任务”。知道“要完成教学任务”，这一点值得肯定；但为什么要“完成任务”，他也许没有认真去想；自然也就不会想到，在“提高专业素养”中，教师首先要做到的是树立正确的教育教学观。在日常工作中，没有学生意识，没有“教学”意识，甚至，对“教育”和“教学”从没有作过认真的思考，这名教师的“教学技术”只能南辕北辙。

以最常见的“恶性补习”来分析，可能有助于厘清问题。教师无法在国家规定的课时内完成教学任务，要靠“加课时”，靠超量的作业来“补”，等于否认国家课程设置的合理性。这就必然要挤占学生其他学习时间，甚至剥夺休息时间，造成学生疲惫、厌学，造成学生健康状况恶化，甚至造成不幸后果。——这，是“观念问题”还是“教学技术问题”呢？如果连这个问题也弄不清，需要不断地用行政措施来强制，需要通过不断的“培训”来普及“教育 ABC”，教师很难“合格”。可是这种热衷“补课”和“加课时”的教师常常被家长和校长认为“负责”、“敬业”。这类评价让部分教师找到了蛮干的依据，他连基本的“课堂教学方法”也不需要了，缺乏理性的灌输成了对学生精神和意志的折磨。他的学生厌学，他的学生不敬重教育，也不尊重他；对此，他不作反思，而认为是自己“运气不好”，没能“得天下英才而教之”，这样的观念，难道不该反思吗？

多年前，有位资深数学教师观察初二年级的教学，和我有过交流。当时校长和家长表扬甲老师“责任心强”，因为她每天家庭作业都是二十多道题；而乙老师经常遭到质疑，他每天至多布置四道题。这位教学行家告诉我，直觉告诉他：“每天二十多道题”可能导致学生畏惧作业，进而厌学，因为学生还有其他学科作业要完成；数学学习重在发展思维品质，未必需要这样“反复练”。他从两个班各抽一批作业本分析，发现甲老师的“每天二十多道题”很多是一般性的重复，而乙老师每天的三四道题中，几乎都有一道题需要学生动动脑筋，“质量高，能激发学生的兴趣”，“他布置的习题都是精心设计的”。——遗憾的是：急功近利的情绪和落后的评价机制使绝大部分校长、教师和家长不具备这种观察和探究意识。在学校里，在课堂里，这样的事每天在发生，为什么我们会忽略这类问题的存在，为什么我们没能从身边的教育现象入手研究问题呢？

教师的教学研究，最好能从反思教学行为开始。教学管理者则要有研究意识，不要被表象迷惑，就像那位数学行家，用点心思，认真翻看学生的作业本，评估作业质量，分析教师作业设计的思路，以此评估他们的业务素养，这是有智慧的管理者。在学校里，正确的教学观，往往就是这样经过不断的比较和研究，逐渐形成影响的。

中小学生作业负担过重，根子在哪里，超量作业对学生究竟有没有好处，专业教师应当比其他人有发言权。然而在这类讨论中，教师经常失语，因为缺少有深度的思考，也因为避难就易的从众心态，部分教师甚至反对“减负”。基础教育中的许多痼疾，和教师的观念落后是分不开的。

应当看到落后观念对学生的伤害。比如，学科之间的交流并非难事，学生某门学科学习有困难，不一定是他先天缺少这方面的禀赋，而是他缺少必要的思考与交流时间。如果教师没有全局观念，固守学科本位，即使他任教的学科成绩暂时提高，但必然损害学生其他学科的学习。用施高压的方法逼使学生加大投入，是技不如人，同时也是“道不如人”。更有甚者，高中阶段用这类方法逼部分有学习困难的学生转科，“甩包袱”，则是等而下之。

曾有学生作文交不出来，我看着他疲惫的神情，说：“没关系，下星期再交吧。”一星期后，学生在交来的作业中夹了纸条——“差点被某某老师的作业逼死，感谢老师饶命”。这些事，令我们当教师的感到羞耻。

“低分政策”伤害学习趣味

我做班主任时，每周会用很多时间找学生谈话。学生的情绪经常被一两个“不及格”或是低分打得晕头转向，我不得不经常地安抚他们。当年学校教学还比较正常，但也有教师奉行“低分政策”，而且“检测常态化”，有计划地整学生。

动辄“摸底检测”，题目刁钻古怪，突然袭击，美其名曰“常态化”，每次总要让一部分学生不及格，以此“震慑”学生，让他们上课规规矩矩，对老师毕恭毕敬，不敢“翘尾巴”……教师靠这种手段整肃学生，违反教育伦理，形同“私刑”、“私法”，是职业耻辱。在一些学校里，往往先有个别教师带头做，锯短了木桶的一块板，慢慢地，影响了同事，因为有时“严管”会在应试中显出“效果”，于是起而效之，逐渐成为一个教研组甚至年级组的共同行为。

学生进了高中，有了新集体，有了新伙伴，多多少少总要放松一下。一些教师看不得学生活得自在，“怕学生骄傲”，“怕学生进了高一松懈”，“不能不给点颜色看看”，于是要念“紧箍咒”，请他吃一顿“杀威棒”，给他个“下马威”，在作业和检测中实行“低分政策”。——这究竟属于什么心态姑且不论，后果却是明显的。一盆凉水浇下来，学生从此知道凡事要看教师脸色，知道要“紧跟”，知道教师的“狠抓不放”不是说了玩的。然而学生不是傻子，他很快就看出了这个老师也就是这么点能耐，不过是“三斧头”，只能拿考试、测验整人，除此以外，水平一般，从此学会应付。也有些学生即使醒悟，了解了老师用意，他照样玩，他甚至有可能从这里看出“教学”不过是“猫鼠游戏”，他的学习兴趣被无聊的检测一扫而空，他原本对“教学”的敬重也就随着教师的“调控”抑或操纵变得荡然无存。

奉行“低分政策”是部分教师整学生的法宝。有一年高一期末化学考试，我的班三分之二的学生不及格。学生无比沮丧，教室里很多学生闷声落泪，因为该班大部分为外地学生，他们不知回乡该怎样向家长说明。谁会相信孩子考进南京名校才半年，学习成绩就一落千丈，跌进不及格？我找化学教师沟通，他讲述了单独命题的考虑，埋怨学生“水平太差”，“不适应我们学校的教学”。我不绕弯子，直言不讳对他说：“三分之二的学生不及格，不是学生差，是你业务水平差。学生其他学科一切正常，唯独化学课，胆战心惊，这是你的教学观有问题。寒假不过20天，你给学生印发了80页题目，其中有二十多页重复，你竟然没发现，证明你没有责任心……”作为任课教师，为什么会这样冷酷，后来了解到，他以为用“低分政策”可以压迫学生重视他的课，“加大投入”。结果适得其反，学生不但不重视化学，很多学生提到他就皱眉头，认为他故意为难学生。很多年后，当年的学生还记得这件事。

学生虽然受教师压制，并不会从人格修养上去评判教师，然而真正的教师，对此应当深刻反思并有耻辱感。教师不信任学生，不了解学生的学习状态，以为可以凭题海和“高压”造就学生，实则与民间底层的“棍棒底下出孝子”如出一辙，谈不上教育境界。在这样的课上，学生只有恐惧，不会有兴趣；而通过自己的教学让学生丧失兴趣的，是最愚蠢的教师。

教师语言显示职业修养

家长会结束，有家长留下，提意见，说有位老师，上课时讲的几句话，引起孩子反感，想调班。“说了什么呢？”我问。家长说：老师上课时讲，下周的检测很重要，“计划外的同学也要纳入班级平均分”。家长说，老师可能并无恶意，但这样说，让孩子很难堪，早知如此，他也就不想择校，让孩子在普通学校就读，不会有心理压力。

“计划外”学生，即学校“招生计划”完成后，少数考分没达到录取线，经一定程序，到校就读的学生。对这部分学生的成绩，有些学校不纳入教学评定，有些地区明文规定一视同仁，以此约束学校规范招生。但就学生而言，既然在学校学习，不管什么途径，只要合法，也当“有教无类”。教师毫无顾忌地在课堂上谈“计划外”，表现出对这部分学生的歧视，这是职业修养不足。

有位资深特级教师巡回演讲，介绍教学经验，意外地听到他一口一个“差生”，莫名惊诧。他并非转引他人言论或是批驳，而是把学习有困难的、考分低的学生统称为“差生”。比如，他的话题有“如何转变差生”、“我是怎样和差生交朋友的”、“差生为什么也能成功”、“差生也能考上‘一本’”……我先是惊奇，然后不得不克制，最后不想掩饰自己的厌恶。从教二十多年，他就这样看待学习有困难、考分低的学生。面对教师群体，他能这样无所顾忌地说“差生”，我相信，以这种语言修养，他也一定会在课堂上伤害学生。他不是一名合格的教师，在教育落后的地区，也许不会有人提醒他，到了城市名校，他仍然这样称“差生”而不觉得羞耻，只能证明名校也徒有虚名。更让我意外的，这类言论，竟然成书出版；他还拥有很多“粉丝”，他那些有关“差生”的言论也到处传播。老一辈教育家批评教育界的乱象，主要有“违背常识”、“观念混乱”，还有就是“公然侮辱学生”。

从教至今，除了转述，我没有说过“差生”。在与学生接触时，我连“你这回不及格”、“你考得不好”也不愿说，学生有自尊，我总怕出言不慎伤害学生。我的很多同事，也说不出“差生”这个词，他们顶多悄悄地告诉我“这个学生成绩总上不去”，“这个同学有些吃力”。

教师的职业语言应当高于社会文明水平，在学校里，在课堂上，教师的语言是文明示范。学生在学校接受的文明高于社会水平，学校才有存在的必要，儿童和少年才有必要到学校接受教育。教师语言粗俗，甚至低于学生修养，不仅会造成学生感情上疏离，他的学科教学也不会有正常的结果。

“文革”毁坏了教育伦理，学生不尊重老师，发生了那么多侮辱教师的惨剧。四十多年后，恶性的应试教育也在毁坏教育伦理，教师不尊重学生，也对一些学生造成伤害。这是令人痛心的事实。1978 年，听位语言学家讲座，他把“文革”时期流行的语言称为“流氓土匪语言”，其中也谈到把人分为不同等级，贴上政治标签（如“黑五类子弟”、“革干革军子弟”）的做法，是反文明的、落后的。同理，在学校教育中，教师把学生分为“优生”、“差生”，教育也会成为噩梦。

教师职业语言粗俗，体现的是落后的教育观。有个老教师，提到班上学习有困难的学生，就说“又多了个拉板车的”。在 20 世纪五六十年代，“拉板车”在城市被认为是“低贱”的行当，文化人政治上入了另册，就“下放”，去“拉板车”。在那个时代，“拉板车”的，在城市是“底层”。有意思的是，老教师看到儿子睡懒觉，对同事说：“以后也是个拉板车的料子。”虽然出身贫苦，但他极度鄙视体力劳动者；可以想见，听了他的课后，学生会用什么样的眼光看待社会上的体力劳动者。教师在课堂传播野蛮、落后的等级观念，鄙视劳动者，教育怎么可能培养出有现代文明意识的公民?

改革开放后，服务行业曾有“禁忌用语”——有些民众见怪不怪的口头语，往往是很伤人的，一旦和外来文明碰撞，就能比较出先进与落后、文明与野蛮，令人无地自容。商品社会，在讲人格平等;教育领域，更应当成为社会模范。因此，有必要列出教学的“禁忌用语”，来规范教育行为。虽然这对恪守职业准则的教师，可能多此一举，但在一个转型时期，有时也只能矫枉过正。

不需要“特色”的课堂

媒体上常有中小学介绍五花八门的“特色”，看了总有些疑惑。

30 年前，看过一篇苏联讽刺小说《总要搞出点名堂来》，讲述官僚体制下各种形式主义的胡闹，荒诞不经。官僚无事找事，自我折腾，常常鼓动下属“总要搞出点名堂来”，最后活活累得倒地而死。当时看了感受并不强烈，以为那种闹剧不至于出现在我们的生活中。随着教育界形式主义的泛滥，回想那个“作死”的官僚，真有重蹈覆辙之惧。不同的是，活活累死的不会是官僚，而是长年累月被折腾的校长和教师。

市长视察学校，问：“你这个学校有什么变化？”校长马上念了一段顺口溜，市长听了很高兴，就记住了这个校长的姓名。这不是故事，是官场常态，市长就是这么个水平，校长也就需要这点点机灵劲。这种事听到第三次，想不找麻烦的校长们也许就不得不编顺口溜了。

与此“配套成龙”的，还要有媒体的呼喊，要弄出动静来，这也是铁律。学校热衷包下报纸版面炒作“特色”，乃至于老师从报上看到任何“特色”已无动于衷。基础教育的“特色”过多，非但难成“基础”，也就不“特”了。为特色而特色，势必要扭曲常识，形成“反教育”。一个大市几百所学校，每所学校都有“特色”，可能吗？果真都有不同，经常喊的“统一思想”岂不是胡说？所到之处，几乎到处都在谈“特色”，教育官员和校长们的汇报，教育行政部门的“验收”，评估系统的指标中，到处有“特色”。

教育界被“特色”折腾，是官僚体制政绩观作祟。教育官员视导学校时，也会脱口而出地问“学校的特色是什么”。这样问，也是出于“政绩”的考虑：他不一定懂行，但他知道，如果“上面”来视察时，作为陪同，他也得汇报出一些什么来。所以他先要把下面的“特色”摸清。“特色”多，上司的脸色可能会好看些，下属的日子也就会好过一些，或许还有意想不到的运气。因此校长们就折腾了，他们得挖空心思去挖掘“特色”，如果挖不出，就得组织智囊编造。就这样层层下压，最后，压向课堂。

小学生把字写端正了，是特色吗？小学生会背珠算口诀，是特色吗？小学生有“两操两锻炼”，是特色吗？如果没有这些“特”，他们原本是什么“色”呢？他们以前在学校做了些什么“非特色”的事呢？为了追求“特色”，连常识也丢了。

有中学不做教育部推广的广播体操，改做“武术操”，做就做了，值得开个“全市现场会”吗？化学实验课学生自己动手准备实验用品，能说是“课改特色”吗？作文课学生“小组讨论，互批互改”能说成“创新”，让大家来观摩吗？“特色”太多了，多到像开玩笑，很像一条小街上小贩排队举起广告牌。

“特色”过多，有可能反教育，反规律，反科学。有所小学，20 世纪 80 年代，很正常，校风文明，学生素养不错。后来成了典型，来参观、考察的人多了，在这里任校长成为升官阶梯，于是“特色”层出不穷，成了小学教育界的弄潮儿，始终举着花色旗帜，活动多到不可胜数。原因不复杂：市里、区里不断有要求，不仅要保持“特色”，还要“创新”，于是每个学科，甚至每个教师都卷入折腾，“总要搞出点名堂来”。试想，一名小学生，每天在学校上七八节课，每门课的老师都凭千奇百怪的“特色”上课，小孩子吃得消吗？我接触过这样的小学生，虽然他说不出课上的那些“特色”，但他会埋怨“活动多”、“作业多”、“花样多”。一个从小被“特色”泡大的孩子，很有可能渴望平庸的安静。

因材施教，因地制宜，有长期的传统，有可能形成“特色”；但作为行政任务，凭着各种各样的“苦干”或“摸索”，能出“特色”，往往是痴人说梦，或是大言不惭。

我很感激一些同行的真诚，走进他们的课堂，我也想知道有什么真

"特色"，他们会笑着说："自己人，我们不来那一套。"

我也感激一些校长，他们不愿作假，他们尊重规律，鄙视子虚乌有的"特色"，他们宁可被上司骂作平庸，也不敢违背教育规律，"宁可反领导，不敢反常识"。

这个“式”与那个“法”

有位教研员统计了几年来参加各种研讨会、成果鉴定会的名目，有关课堂教学模式的“××课”、“××式”和“×××法”，大约有二十多种，有些是学校的“特色”，有些是落实某种理论的实践汇报，有些是主管部门发文推行的措施，总之，都有些来头。会多，就得赶场子，每次去了要发言，表态“支持”或“给予肯定”；回来要传达或汇报，有时还得“落实”。“时间都去哪儿了”？往往就消耗在这些事上。不去不好，不发言不好，质疑更不好，哪怕“提一点不成熟的想法”，也有可能会得罪业内的朋友。

别人做出一个大家没想到的，哪怕没什么用的东西，总比什么也不做的人要好啊，何必多话呢？再说，行政鼓励创新，尝试的积极性总得肯定吧；再再说，科研经费花了，总得有个响动吧？再再再说，大家“聚一聚”，有什么不好？

然而，我还是为到处拜师学招的老师担心，这个“式”与那个“法”，听了那么多，学了那么多，老师们会不会莫衷一是，邯郸学步，连课都不会上了？有老师坦言：认真学了两年，以为脱胎换骨，能够“归宗”，哪知宗师又扬起了一面新旗子，创出新品牌了。朝生暮死，暮死朝生，让人眼花缭乱。

我偶尔也劝一些老师不要迷信这个“式”与那个“法”，不要跟在别人后面亦步亦趋。教师应当想到：这是我的课堂，我了解自己的学生。比如，你教了他们两个学期了，你也许能知道，所设计的问题可能有多少学生感到困难，会有多少人稍稍动点脑筋就能恍然大悟，会有多少人需要和学生交流后受到启示。当然，也有其他可能：你不太了解自己的学生，你的学生也不太适应你的教学。问题在于：你是受过专业训练的教师，你已有了一定的判断能力，你的课堂已有比较成熟的做法，总之，你目前需要的是让学生会学，而不是在课堂上让学生看你如何把自己变来变去。那么，有什么必要强调自己的教学是这个“式”或那个“法”呢？

早有“教无定法”之论，无论专家鉴定并推荐出多少课堂新法，恪守基本常识这一点不能动摇。某地有课堂教学“3015工程”，这样的代号让人满腹狐疑，后来得知，指的不过是每节课“学生活动30分钟，教师讲话不得超过15分钟”。换作我，至多说“老师上课时少说些，多让学生体验交流”，绝对不会想到可以“提升”为“3015工程”，更想不到要请专家开鉴定会，请教育媒体来报道，申报科研奖，可以作为个人的发明创造……又如“作文三十六法”、“作文快速构思法”等，有一定教学经历的老师，可能不会信这些“发明”，因为通常一学期只有六次写作课，即使一课一法，“三十六法”来不及上完并实践，学生已毕业了，即使那个法有用，也来不及“巩固”并形成经验。至于“快速作文法”、“快速构思法”，为应试而设，经不起推敲，在语文教育界来推行这个，可能有点“丢份”，但没想到也能申报课题，当作成果，并且公开宣传。

上课就是上课，教师不能把上课当作魔术。昨天的馒头100克一个，每人两个；今天发50克一个的，每人四个；明天做200克一个的，每人发一个；后天把馒头做成方形，大后天改成三角形，下星期在馒头上捏出褶子来，让它外观像包子一样，还能给馒头染色……这是“创新”吗？馒头就是馒头，不能强说“馒头已经不是那个馒头了”而作为“发明”。

教育界有人批评“语文学科的名堂最多”，不够公允，其他学科的笑话，也常听说；语文学科不过是可选择词汇量大一些。有时参会，主持人介绍与会者“这位是‘××教学法’首创人”、“这位是‘××式课堂’发明人”、“这位是第一个提出‘×××法’的”……说多了，我也记不清，其实他只要说“全是来自祖国各地的老师”，就行了。我教语文，一直没想过自己是什么“法”什么“式”，有人私下不无惋惜地说过“教到退休，好像没搞出自己的东西”，遗憾的是我从没自惭形秽，我至今仍然“停留在常识阶段”。

这个“式”与那个“法”，谁爱发明爱总结，爱申报爱挂牌，是个人自由。但作为专业教师，应当有辨别能力，对自己的课堂要有自信，尊重学科的严肃性，始终与常识为友。

对自己的课要有自信

青年教师所学知识比老教师新，上课要有自信，不要缩手缩脚的，不要“每事问”，北方俗话“傻子过年看隔壁”，自己观察、选择，也能差不离。但是，千万不能看了老教师的示范，自己才敢上这节课，那不是独立工作，而是照葫芦画瓢，简单模仿，学生会失望的。现在许多青年教师，受过本科甚至硕士教育，读了近二十年书，在教室里“泡”了近二十年，怎么一点底气都没有，站在讲台边身子发抖，上课照讲稿念？

谦虚一些固然好，更要多思考，有自信。对自己能否有比较准确的判断，是能否“立”于课堂的根本。上了节公开课不要到处征求意见，人家为对得起你的谦虚，不得不说几句，说的人多了，于是便如道旁筑舍，被人家的指指点点弄得六神无主。

我到中学第一次上课，几个听课人说了几种不同意见，当时我就疑惑。这些老师和学校干部，大半不是语文学科的，为什么要来听我的课？也许是想看看我能不能“驾驭”学生。为什么两个语文教师的建议相反？很可能他们对“语文”的认识不一样。他们为什么一定要“提点建议”？也许不说几句就不像“指导”，但他们显然很久没看相关资料了，他们的知识有些过时……对他们的爱护，我领情，但他们的意见和建议不对；我得根据教学要求，根据学生的需要来设计课堂。

等到我成为“老教师”，对人家的课，我不多说话。有一次，我听完课就离开了，那节课上得不错，刚刚工作五年的青年教师，能这样从容，难得。事后有人说，你没留下宝贵意见，开课的老师有些忐忑。我请他转告那位老师：你要有自信，课上得好不好，听听学生的反映，专家的意见未必“宝贵”，一节课，也未必要“打分”，不要学银行柜台的语音提示“请您对本次服务留下评价”；再说，随意说几句，我未必敢，因为我不了解你那个班的状态啊。

有些教研员胆子很大，几乎没在中小学代过课，日常工作却是指导教师教学。更可怕的，是一些教师上完了课却要看他们的脸色，求他们评价，很荒唐。这种没有自信的教师，“立”不起来。但我也见过敢于越俎代庖的教研员，因为他从课堂里走过来，心仍在课堂上，读书多，有经验，往往能看出问题，技痒时他会自告奋勇地说：“如果你们愿意，我来上一节试试。”

行家示范，对自以为是的人可能会有些启迪。1985 年，有位在大型化工引进设备单位工作的家长说了件事，我深受启发。日本专家通知工人，经 X 光检测，钢管焊缝不合格。工人鄙夷地说：“小毛孩子，敢教训八级工了！有本事你来一个。”年轻的日本工程师无言，换上防护服，戴上面罩，拿过焊枪，蹲在地上焊了二十分钟，站起来鞠躬，说“可以了”。班组工人看了整齐的焊面，没等检测，口服心服：人家不但有文凭，有功夫，而且恭谦有礼。所以我觉得，当老师的，如果自己不敢“来一个”，就不要多说话。欧阳修《卖油翁》中卖油老汉，把自己的倒油和陈尧咨的善射相提并论，那句“无他，惟手熟尔”的职业自信，也适用于一些上课好手。

有位物理教授批评某老师上课讲的内容太浅，可是他不知道，教科书的相关章节早就做了改动。教授没有见过物理教科书，他说记得读中学时课本上有相关章节的，可是他记错了。糟糕的是他作为评委，“评价表”交上去了，无法更改。这是妄下结论。

政教系教授参加高考命题时，第一次见到了中学政治教科书，他很惊讶地翻了一遍，觉得“有些内容没有必要教”。可是，教科书编者多数是他的同行同事。参加高校“教育硕士”培养研讨会，发现所有导师口口声声都是“教学大纲”；我说，现在只有“课程标准”了，“课改”了，“必修”、“选修”分开了；十七八位教授没有一人听说过，但是他们在谈如何“培养中学教师”。以无知指导有知，效果可想而知。

青年教师要有修养，能听取、包容不同意见，同时也要有自信，确立教学信心，不要有寄人篱下的心理，不要看人家脸色。有一校长听青年教师讲欧·亨利的小说《最后的常春藤叶》，课上得不错，但青年教师认为校长是“语文高级教师”，总得听听他的评价，便主动去征求意见。校长主要谈了两点：一、“这篇散文应当这样这样上……”二、“欧·亨利这个作家我还不太熟悉，他还写过些什么？”闻者无不崩溃。这件事告诉我们：虽然有职称，仍可能是外行。

要有自信，不能迷信。如果对自己的课缺乏正确判断，缺乏自信，归根结底，可能是“底子”薄，要多下功夫，练练胆子。

说“打磨”

有老师说，多次听到学科教研员在大会上动员教师“要好好打磨自己的课”，他不太明白：为什么要“打磨”呢？这40分钟或45分钟的一节课，既非金属部件，也非玛瑙、翡翠，而是教师和一群学生的共同活动，如何“打磨”？有什么必要“打磨”？百思不得其解。

我也听过这样的话，我甚至怀疑自己以前是不是也说过“打磨”之类的话。但是现在，我可能不会说这个“打磨”了。如果某位老师的一节课设计略显粗略，某个教学细节不够精致，我会说“慢慢来，会好的”。小学阶段，语文、数学各有一千多节课，初中或高中，三年的语文、数学、外语各有五六百节课，即使新教师，只要是有心人，慢慢上，慢慢学，上着上着也就悟出门道来了。如果你“磨课”，用很大的精力去反复“磨”一节课，很可能也只能上好这一节课；因为“磨”至多只能“得技”，很难“成道”，有些经验（或技艺）未必能够复制，换节课可能会有新的问题。

我反思自己上过的课，根本没有什么“精品”、“经典”，都是很普通的课，或是常态课，多多少少都会有些遗憾，从没有过一节课“完美”。我比较注意学生在一段时间内的学习状态，从而产生一些新的想法，在课堂上试试；我不会在短时间内为某一节课用去过多的精力，我从没为自己的一节课去请教名师，更不敢劳烦同事“集思广益”。我是去上一节平常的课，这节课是我职业生涯一万多节课中的一节，我不可能当作是人类发展史上影响深远的一次演讲，也不可能是关乎学生生死存亡的重要决策。我面对的是学生，不是花了高价来看明星表演的观众，我犯得着拼命去“磨”吗?

以为通过“磨”就能提高教学技艺,可能不对,更兼现时所说的“打磨”,多是为了演出。

“打磨”,为的是更“光”一些,也许还要更“滑”一些。这种纯技术的活儿,只是教师一方的,课堂另一方的学生要不要也“磨”呢?我就不太懂了。教学设计精致,固然有好处,只是如果一味机械“打磨”,过于精细光滑,反而单调无趣。

一般是在“赛课”、“展示课”、“研讨课”前听到这个“打磨”。开课的老师写教案设计,精心修改,找个班“试讲”,同事们听一听,请名师点拨,请教研员指导,大家“群策群力”,在一起“打磨”,帮助这个开课的老师,让他课上的每个问题都有预案,让他把一个一个的环节环环相扣,把他的课磨得光亮出彩。然后,他去“预赛”了。如果预赛过关,进决赛之前,又有一批人再次帮助他“打磨”……

有教师愤然揭露,某位教师为了“赛课”,有专家班子为其筹划,前后“打磨”了两个月!两个月间,很多教研工作都停下来,为准备这节课开绿灯,借不同学校的班级“试教”。我不敢相信,也不敢不信。有些所谓的名师,除了他个人的“名”,其他一切都不放在眼中的。“一招鲜,吃遍天”,一旦获奖,从此他就可以不断地外出去巡演,唱这出“折子戏”。个人因一节课获奖出名,增加学校的荣誉,借此“打造学科团队”,这也是一些学校不惜工本,愿意“两个月打磨一节课”的原委。

固然,在这样的反复“打磨”中,教师可能会获得一些备课、上课的经验,但也极有可能,在这样的“打磨”过程中,教师变得目中无人,逐渐磨成自以为是的工匠。

“教参”不过是根拐杖

为修订教科书，广泛征求意见。有教师提出，“能不能把教参编得厚一些”，比如，“文本分析”更细一些，“参考资料”更丰富一些，可提供给教师的“教学建议”更全一些，教科书上“练习与思考”的“参考答案”更具体一些，再如“作文提示”，是不是可以多提供一些“思路”、作文材料、范例，等等。

对此，我感到费解，也无可奈何。听说教育发达的国家，中小学的教科书是不给教师配什么“教参”的，也没有什么“配套光盘”或“示范课录像”可以依样画葫芦；教师备课必须自己想办法查找资料，独立设计。这也是他们的业务素养较高的原因之一。我们习惯为教师提供统一“教参”，教师手持这个“参”去“教”，不但难有自己的创造，教出的学生也只能一个呆样。多年前曾应邀担任某区公开课比赛的评委，两天时间，16 名老师上同一篇课文，至少有 12 人的教学思路、问题设计和教参上的“教学建议”是一样的。我边听边做记录，记到第三个人，就不想再记了。所以我一直很佩服那些自告奋勇当评委的专家，他们的耐心与心理承受力，我实在比不了。

所谓“教参”，不过是初上讲台者的一点支撑，路有点滑，走不稳，怕摔跤，要用根手杖；新教师上课没什么把握，有本书参考一下，有个“模子”仿制一下，庶几得点启发，至少可以不出错。几轮教下来，教参便成鸡肋，放在那里“备用”而已。没有教参，往往才能看出教师的真功夫。

二十多年前，有位老师的教学引起非议，学校找学生调查，开座谈会。学生反映，这位老师上课时手不离“教参”，串解古文时，一手拿教科书，一手在桌上压住“教参”，逐句读译文，还要学生记在课本上，不让学生抬头看他的窘相。学生厌烦，看到他是在凭一本“教参”上课，认为他的课听与不听无所谓。那时没有什么教辅书，学校从不发，新华书店专设“教育书店”偶有供应。学生逛书店发现“教师用书”柜有“教参”，营业员也卖给学生，于是买来，上课时放在抽屉里偷偷对照。老师读一段，他们勾一段，从“课文分析”直到“练习答案”，一节课下来，竟然没几句是老师自己的话，于是拿了那本教参向教务处反映。教务处顾及老师颜面，不好意思批评。曾有人问我怎么办，我说，教研活动时提醒大家：“教参”价格便宜，学生也有，大家注意点。这件事也就糊弄过去了。

“要发财，吃小孩”，时下出版业更乱，“教参”之外，还有“学参”及各种“宝典”。这让我对“教参”有了新的认识，我甚至觉得学生确实可以配“教参”。“教参”不过是教师的“教辅”，不是秘密文件、内部资料，为什么不能给学生看？再说，提倡自主学习，学生能自学了，不就“达到不需要教”了吗？如果学生有“教参”，老师总得拿出点自己的东西，上课不至于再公然读教参了吧。

1994年，我所在的教研组决定先走一步，放弃陈旧的“统编本”教科书，换用“实验教材”。在权衡利弊时，我们认为，实验教材的“没有教参”，对教师有好处。教材没有配套的“教参”，无依无靠，有利于检验教师的教学素养，逼使我们去探索、去创造、去改革。众说纷纭中，大家摸索着教过一轮，老师们有点“底”了，于是应出版社之约，自己动手，编配套教参。后来，在交流会上，看到外校有老师备课时拿了“教参”在“参”，我不敢告诉他：有些“文本分析”和“教学建议”执笔者是“二级教师”。

教师没有这类“依靠”，业务长进快，长得壮实，会有真功夫。有朝一日，由老师们自觉提出废除“教参”，禁止“教辅”，专业修养高了，“提高待遇”才是顺理成章的事。离了教参就没法教书的教师，能算“专业技术人员”吗？

过多听课于事无补

问一位老师近期忙什么，他说："忙听课，也忙'被听课'。"问他累不累，他说："'被听课'多少有些累，听别人的课，更累。"原来学校规定每人每周要听 4 到 6 节课。为什么要这样做呢？他说："校长、主任看到老师们在忙，就放心了。"

我替这位老师算了一下，每天不是被听课就是听别人的课，自己教两个班，十多节课，"被听"四五节，再听别人四五节课，课后再交流个几十分钟（遇上个碎嘴子，会聊到午餐或晚餐时间），这就没有什么时间和学生在一起，更没有时间去读书了。

我觉得过多的听课、交流未必有什么好处，教师需要有独立阅读和思考的时间。

管理者希望教师通过交流以提高业务素养（或曰应试能力），可是这样忙于"听与被听"，教师用什么时间去阅读、去思考呢？如果教师没有属于个人的阅读与思考，不可能成为有智慧的教师。

还有学校搞"推磨听课"，四五十岁的中年教师，每天也忙于"推磨"。我起先莫名其妙，后来方知是取其"轮转"义，轮流开课，不让磨子停下来。我觉得这种说法是对教学的不敬，这不是把教师当作驴么？每星期听课，目的是什么？教师平均教龄十年以上了，底子打得不错，为什么不让他们有静心思考的时间？得空观摩几节课也行了，要求青年教师常年去听老教师的课，这种"培养"方法未必有好处。

我对一位老师说：我不敢随便去听别人的课，并非不想观摩，并非不爱学习。无论如何，教室坐进陌生人，会干扰学生的学习；听完了还要说上几句，无非从自己的角度、以个人识见去评价他人优劣，更不妥；更加上大家教学工作忙，未必愿意受干扰。——他的教学很正常，他的学生认可他的教学，而你不一定熟悉他的班，你也未必了解他最近的教学情况，凭什么要去“督”，要去“导”？你以为你是谁？你真以为有资格指导别人？自己工作量轻，却总去干扰青年教师，很不妥。有时，青年教师反映不堪干扰，个别领导却说“促进一下也是有好处的”。——那校长们的工作为什么不愿让教师去“促进一下”呢？有些校长终年游手好闲，玩遍全国，周游世界，行止秘而不宣，却要派人把青年教师的每节课及一举一动都盯牢。一些学校矛盾多，工作效率低，青年教师缺乏教学激情，也和这种不体恤教师的做法有关。

我不主张过多安排检查性质的听课，至于青年教师主动邀我去听课，我则欣然而往。他们会说：“我最近做了一些尝试，但不是很有把握，您能来听听吗？”或者说：“我最近没感觉，有点摸不到头绪，想请你帮帮我。”我便有兴趣。

当然，我也提醒过一些教师：要逐步建立教学自信，听课太多，徘徊游移，也有可能丧失基本判断，对专业发展未必有什么好处。在一些学校发现：读书多、爱思考的教师比只会模仿的教师发展得好。听课听多了，习得一些技艺，不过能成为“匠”而已；多读多思，举一反三，学科教学“变小了”，人站得高，境界就出来了。名师的课为什么那样设计，出于什么样的考虑，课上遇到生成性问题如何解决，如此等等，都是教师世界观、教学观的自然反映，这些是要通过思考才能领悟的。一味听课，如舍本逐末，得其皮毛。青年教师的成长，不在于他听了多少课，而在于他会不会“听”。

我常观察工匠的活动，他们整天不停地劳作，砌砖的，整天砌砖；泥墙的，整天泥墙。他们辛苦几个月或是一年，按照工头的吩咐动作，不但不可能改变一幢大楼的设计，也不能改动任何一个细节，这是纯粹的、机械的体力劳动，几乎不需要动脑筋。我也在作坊观察匠人的工作，他们按照一定的模式和程序劳动，只要产品的规格不变，他们的动作也不会变。过多地听课也有点像手工业师徒传统，一些青年教师学习名家，频繁听课，研究课例，亦步亦趋，最后画虎类犬，也许正是过多听课而不思考造成的。

问不完的“怎么办”

教师的职业训练不可能穷尽课堂将会发生的问题，自然，一名“思想者”也不可能是“训练”出来的。

每节课都是独一无二的。从没有一模一样的课堂、一模一样的学生，我也从没有上过一模一样的课。即使遇到无法想象的困难，即使课堂上遇到意外情况，我也只想到“我来解决”，而不会认为“这不是我的事”。所以，教师因职业训练中没有相关内容而认为事不关己，因教学不顺而怨天尤人，会失去“教育姿态”，让学生看到“无能”和“无力”，这种“范”会对学生产生不良影响。

有时听一些老师谈上课的难处，总认为学生不守纪律，上课百般不顺，听到他们的叹息，看到他们的苦脸，不知道他们到底遇到了什么困难，以至于那样恐惧，束手无策……

报告结束，下台休息，老师们咨询问题，我一一回答。有位中年老师立在一边，温顺中带着胆怯，欲言又止，我向她问好，她犹豫地说：“等了很久，就想问一个问题，请教老师。”

她问：“我班上有两个孩子总是打架，我该怎么办？”

我怀疑自己的听觉，问：“你说的是几年级学生？”

女教师说：“小学四年级了。”我松口气，还好，不至于动刀子、抡锤子玩命。

“他们为什么事要打架？”

“不为什么，但是，见了面就打。”她的眼睛红了。

每天和这样顽劣的孩子在一起，可真不是件容易事，我同情她的遭遇。

我说："你是怎么解决的？"

"我找他们谈了，还是打，每天打。怎么办？"

"那就找他们的家长沟通啊，不能让孩子这样影响全班啊。"

"找过了，没用；他们还是打架。"

我一时语塞。我真不知道那两个小学生何以攻击性这么强，见面就打。城市风气不至于这样野蛮，这会不会是一种病呢？我问："学校知道吗？"女教师眼泪出来了："我一次一次地反映了，校长找过他们了，没用，还是打。我不知道该怎么办。"

"其他同学打不打？"看着柔弱的女教师，我想，她是不是让男孩子觉得"好欺"，用这种特殊表演方式恐吓她。

"其他同学都好好儿的，就他们俩，每天打。"她委屈极了。

旁边的一位老师愤怒地说："对这种坏小孩，有必要治他一下！"

"我们学校的男老师治过，没有用的。一回到教室又动手，还是打，打。"

我忽然想到，那两个令人恐怖的男孩毕竟只有 11 岁，究竟能打成什么样呢？他们难道会"抄家伙"吗？难道他们"在帮"吗？如果他们每天鼻青脸肿带彩回家，家长总得当回事吧，像这样每天打个不停，又不是横店演电视连续剧，人们不烦他们吗？

于是我好奇地问："嗯，我很想知道，他们每天究竟怎么打的？"

"就这样，就这样，"女教师比画着，"你推我一下，我使劲回你一下……"

周围的老师面面相觑，然后都看着我。

回去的车上，见我沉默，那位校长不过意地说："你真有耐心，我都听不下去了，你还那么关注。"

我说："她的耐心才少有呢。"

换个班主任，也许就没事了。好多小男孩变得无法无天，就是遇到了这种大惊小怪、事事只会问"怎么办"的老师。

如果这些问题都需要"培训"，会不会被看成对教师职业的轻视？

什么是“有表情地朗读课文”

日常教学中有些做法，未必合乎常识，稍加思考，就能发现问题。

在义务教育语文教科书的“思考与练习”中，仍然能看到“有表情地朗读课文”，对此很不解：教学改革这么些年了，怎么还有这个“有表情地朗读”？我教书直到退休，始终不明白为什么要“有表情地朗读课文”，面部的“表情”是语文学科的组成部分么？以我浅见，中小学生的朗读，做到准确和流畅，很好了。“表情达意”通常指书面表达，其中的“表情”，是传达感情，非特指面部“表情”。说实话，中小学教师上课，如果面部表情过于丰富，未必有什么好处，因为这是上课；让学生读课文时要注意“表情”，则是误导。

我从小到现在，几十年读书总是没有“表情”，作为读者，我读书时只有“心情”。比如，我在愉快时读书，我在忧伤时读书；读了书，开始有阅读文本所产生的情感，比如，我读出了书中人物的心情、心境，读出了他们对世事的感慨，我了解了时代波澜下人的命运，总之，被别样的人们、别样的故事打动了。读进了作者的心灵，读出了文本所蕴涵的情感，我会叹息，甚至会落泪，但我的面部可能没有什么“表情”。我总认为，“表情”只是戏剧舞台对演员的要求，同时，也并非所有的角色都需要五官的活动。

那么，这个“有表情地朗读”为什么会那样顽固地存在于语文教材中，没有引起教师的注意呢？

听低年级的课，课本上有这样的要求，“有表情地朗读课文”，教师上课也落实了。学生读书时有什么样的表情，坐在教室后面看不到，但从那抑扬顿挫的花腔转调中，仿佛能看到学生的眉眼舞动，因为他的老师就是这样“范读”的——除了耳朵没动，能动的部位都在动。可是，我不得不问：“难道我们的生活是这样的吗？”在生活中，一个正常人不会那样“有表情地”读书，否则会吓着别人的呀。说心里话：绝大部分“有表情地朗读”，不好听，太假了，包括一些电视节目主持人，“有表情地说假话”，更糟糕。逼使儿童那样刻意做作地朗读，不自然地显现喜怒哀乐的表情，往小处说，不过是有些呆头呆脑的蠢相，从大处看，可能是非人道、反人性的教育。——我的话，也只能说到这里为止：让孩子们像一棵树一样自然地长，真实地活，不要再逼使孩子们去学虚情假意了。

读书，只有读出文本蕴涵的感情，才能产生与作者的共鸣，如果还没开始读，或是还没有熟悉文本，“表情”已经准备好了，这符合阅读学习的规律吗？学生根本没有感受到“爱”与“痛”，却要装得声泪俱下，脑海中根本没有春天，但因为老师在盯着他，要给他打分，他便煞有介事地带着颤音喊“小草呀，也醒啦”，这恰恰是引导他们“失真”。

苏霍姆林斯基在《给教师的建议》“学生应当掌握的最重要的技能和技巧”一节中，主张小学二年级的阅读以朗读训练为主，文中确实提到这个“有表情地朗读”。苏霍姆林斯基在五六十年前的这个提法不正确（也许有其特殊的背景），不符合母语学习的规律，教科书编纂者不能再奉为神明，教师对这类教学要有反思。我们的社会可能更需要真诚、坦白的言说，未必需要带着“表情”，特别是那些做作的演出和“表态”。

不错，“表情”会有感染力，传说有名演员拿着一本菜谱朗诵，也能念得让听众热泪盈眶（但至今不知传说的那位演员究竟是谁）。可那毕竟是演员啊，想方设法让别人落泪，是他的职业要求；听了菜谱也落泪者，可能是疯狂、迷乱的“粉丝”，也可能是排遣愁绪的醉客。母语课堂教学需要让学生变得有理性，而不是引导学生去看别人的脸色，根据他们的需要练习“表情”。

很简单，还没有读通读懂，就强调“表情”，很荒唐；再也不能让小学生学这些了！

怎么改？有些教科书改为“有感情地朗读”，我仍感到不合适。——学生刚接触文本，就能“有感情”？他朗读时的“感情”从何而来？是教科书“配给”的吗？

无他，只有让学生认认真真地去读，读进文本，读出作者的心，读出画面，读出自己的想象。所谓“感情”，靠阅读理解，读通了，读懂了，“悟”出来了，触动了自己，感情才会出现；因为感动，把书中的那些人和事，那些美与震撼，埋在心灵深处，一辈子不忘。如果读得忘记了周围一切，成了自我心灵洗礼，这才可能“有感情”。凡是只能在课堂上呈现并由别人评价，过后即忘的，仍然不过是“表演”。有鉴于此，教师首先得克服那种把上课当“演出”的恶习。

学生有教学评估的能力吗

参加一些评审时注意到，一些教师材料袋中的“学生评价”总是“全优”，甚至一个“良好”也没有。我不认为这些老师的教育教学真能达到无可挑剔的境界，我只想到这种评价文化会给学生不良影响。学生热爱自己的老师，是常情；也不能排除学生的无奈——谁愿让老师难堪同时也让自己难堪？更让我关注的，是学生，特别是小学生，有没有这种“教学评估”能力；如果他并不具备这种能力，让学生参与评估可能令他对“教学”产生误解。

1986年，学校首次搞“教学评估”，看了发给学生的表格项目，我担忧：这些专业评估术语，学生懂吗？班会时，我问学生：“表格上面的这10项，其中的意思，你们是不是都理解？”学生说，有的懂，有的不懂；“教学态度”、“作业批改”，没问题；“教学目标明确”、“完成教学要求”，这些不清楚；至于“课堂结构”，不懂。我说，有些我也不太清楚。然后我一项一项地解释，要求学生按自己的理解认真地打分，实事求是。另一个我任课的班，我就没有机会去说了。教务处把统计结果发给我，我当班主任的班给我打的平均80分，我任课的那个班给我打了90多分。我觉得很有趣。

那次“评估”的结果在学校掀起风波。有些对学生要求比较严格的老师，得分并不高。有个班主任说，她和学生打了招呼：“老师们教你们，辛辛苦苦的，你们别打低了。”于是所有任课老师，平均98分以上。

有老师对学校的做法质疑：初一到高三，学生是否都能理解“教学评估”各项目的内涵？比如，对“教学效果”这一项，初一和高三学生的理解就不可能在一个水平上；而“课堂结构”，连一些老师都不明白是怎么回事，却要让初一学生来给各科老师打分，这样的“评估”没有可信度，连参考价值也有限。

然而，如果学校保存这些无价值的“评估得分”并记入教师业务档案，三五年之后，失去了“评估”的背景环境，对评估结果，相关部门解释不清了；十年二十年之后，那个“75 分”、“81 分”孤立地出现在一张业务档案表上，当事人更说不清了；还有些教师记不清某个分数是高一学生还是初一学生打的，因为他常替同事代课。

此后学校又搞过几次“学生评教”，那些“评教”的确也反映了一些教学状态，比如，师德与专业水平高的教师，得分最高；教学态度差，对学生不负责任的教师，也有过不及格。有时也弄巧成拙，部分结果与教学管理部门的判断相反。教师和学生对教学的认识差异，班级间不同学习观的差异，学校教育观和教师专业修养的冲突，造成“评教”结果失去信度。

一些学生评价教师的教学，往往是“感情分”，他觉得这位老师对学生态度好，什么项目都敢往高处打；而这位老师如果比较严肃，或是某次批评过他，他也有可能觉得自己是“有权”的人，也表明一下自己的态度。

记得有一次评教，有“上课使用电教设备”一项，8 分，我这项平均 7.8 分。可是，我上课从不用多媒体，我不想用，甚至不太会用。于是，我问学生：“评教，要实事求是，不能胡乱打分。我明明不会这些电教设备，上课从来没用过，你们怎么打出这么高的分来的？”教室里嘻嘻哈哈的，有个学生说：“你开灯的。”

我不愿自己的学生开玩笑，但我对目前教育管理部门的一些做法总感到无能为力。环视周围，这样的敷衍，在中小学比比皆是。中小学生究竟有没有能力“评教”，教育部门应当有什么样的测量、评价系统，我们是不是应当反思一下这类问题了。无论如何，不要让社会不良文化干扰老师、学生对“评价”的认识，从而形成错误教育。

这恰恰是你需要了解的常态课

有位教授抱怨，说到中学去调研，有个老师的课上得一塌糊涂：45分钟似乎一直不在状态，该展开细讲的内容，她竟然一带而过；一个问题，提问四五个人，没一个学生能回答出来；应当一课时的任务，直到下课，还有两点没来得及讲；老师上课的语言比较拖沓，导入新课用的时间多了；板演题目，接连上去两个学生都做得莫名其妙……教授说："浪费了时间，目的没达到；很想听一节成熟一些的课，学校应当安排有经验的老师上调研课，而不是这样随意找一个。"

我劝教授：你在高校任教，应当有些上课的经验；你听的这节课，或许是常态课，符合你"调研"的目的，你不该有特别的期望。什么才是"成熟一些的课"呢？也许那个班学生的接受能力就是那样的，也许那位老师本来就没打算讲完"五个环节"，她了解自己的学生，很清楚不可能用一课时完成教学任务；我不认为那位老师是在应付你，而是她的课上有些情况你根本不知道，她一直这样上课——而且，学生不一定认为她教得不好。

我问，你是坐在教室后面的吧？教授说，当然坐在后面啊。我说，那你不可能看到学生的表情。这一天他们很正常，他们平时上课也是这样的状态，他们适应那位老师，他们甚至很喜欢那位老师。当然，也许这节课他们有些情绪。"什么情绪？"教授不解。"你听的是第几节课？""第三节。"——好，第三节，学生可能累了，因为第一、第二节是物理测验，或是第二节课是体育课，又加上课间操，有点"操场情结"，一时没恢复过来；也许第二节政治课或是地理课上发生了什么事，也许课间班主任到教室批评了什么事，也许昨天的课上大家太兴奋了，也许今天下午有一门课要测验……这些，你不可能知道，但那位把课“上得一塌糊涂的”的老师心知肚明，她一直有应对各种情况的精神准备，她不指望因为有专家来听课，学生会异乎寻常地抖擞精神；再说，她教这个年段，有个人经验，未必要按“教参”上的“教学建议”。

教授疑惑地问：“你怎么想得那么复杂？有那么复杂吗？再说，和这节课有什么关系呢？”

我告诉他：你——或者你们，没有经历过，感到奇怪的，我每天都在经历，所有的中小学老师每天都在经历。我刚才说的这种情况算不上什么复杂，我还能把全班五十多名学生上课时的不同习惯和神态说一遍给你听，因为我站在讲台这边，我面对他们，每天面对他们。

你们难得到中小学听一次课，兴师动众的，有目的，打招呼，有人陪，而那些学生从早到晚坐在教室里听课。你在高校，学生不过就那么七八个人，可中小学一个班就四五十人，多数老师教两个班，部分学科甚至要教三四个班。你认为那位老师上课应当神采飞扬，你每周只上一次课，可她每周有 20 节课。她是教师，不是梅兰芳，即使她是梅兰芳，这样强度的演出，肯定要倒嗓子。你以为课堂应当是什么样的，那是你在书里做的梦，现在的课堂不是你们学术论文中猜想的那样。——其实，大学的课堂也够呛，你不至于否认吧？教授叹息：“上大课时的确一塌糊涂，成双成对的，干什么的都有，师范院校最不重视的恰恰是教学法。”

那么，你们的教学又是怎么搞到这个地步的？

为什么对中小学教师要求那么苛刻？你去中小学“考察”、“调研”，往往只为论文或课题中的某个判断找些依据或“案例”，想让教师用你的设想去上课，为理论找点支撑。可是，如果专家们都想在中小学课堂上看到自己的那套理论“生根、开花、结果”，那么，中小学的课堂实践岂不是要成私家园地？

有中学教师诉说委屈：他们主动选择和某教授合作，承担他的课题实验，但在中期汇报时，某教授严厉批评他们：“为什么私自改变课型？”“这节课为什么要加入其他学习材料？”“讲好了只能这样上，为什么要做变动？这种数据有什么价值？”——作为教师，自己的课堂自己不做主，把课堂拱手交给大学教授去操控，违背了教学原则，丧失职业自尊，很荒唐，自取其辱，不值得同情。可是，教授们这样的“研究”完全忽略了课堂，忽略了课程，最不应当的，是忽略了学生的学习权益。学生需要什么，课堂上会出现什么情况，教师怎么能视而不见？教师为什么不能因材施教、因地制宜做一点变通？

在某地听说这样的事，一些教师和大学教授合作做课题，刚刚进行半个学期，发现教授的主张不仅和教科书要求严重冲突，也不符合课程标准，于是委婉地向教授提出，教授表示，只有“强行推进，拿到数据，否则前功尽弃”。——教授宁可牺牲几百名学生的学习权益，宁可要一个错误的过程，也不让实验中止。说轻些，是不尊重教学规律的盲干，一言以蔽之，是缺乏教育良知。

现在，一些有关基础教育教学的研究，脱离实际，没有学术价值，没有普及推广的可能，无助于教育教学的改革，耗费了大量人力财力，助长了浮躁之风。于是教育界常常有这样的现象：科研喊声震天，基层寂静无声，课堂一切如旧。

每一步都要讲“有效”么

“匠”与“师”的差别，在于“技”与“道”。人们可以用效率去评价一名匠人的劳动，对“师”的价值可能比较难以评估，很难用指标、数字去衡量。特别是基础教育工作，着眼于人的未来，谁能准确计算你今天的教学究竟能有多少效用？时下的麻烦在于，各行各业都唯利是图，教育教学也急功近利，“见利忘义”——忘了教育的真谛。

翻看一本教育杂志，有个课堂教学板块，十篇文章，五篇在谈“有效教学”。还有专家评课，提出“一节课45分钟，每个环节都应当是有效的”，甚至指出教师上课共说了哪几句废话。要求教师反思，让教学的每个环节都有效，甚至每句话都“有用”，如同要求一个人记下24小时的全部行为，这只会让他手足无措。曾有个校长主编《成长记录》，印发给全体学生，要求学生记录每天、每小时做了什么，后面还有问题，诸如：“你今天进步了吗？”“你今天又有什么收获？”“这个月，你养成了哪些好习惯？”……问题荒谬绝伦，却规定学生必须填写。更荒唐的，该校长要求教师填写“工作日志”，同样要精确到小时，试图用这样的办法来“有效管理”。如果是教师个人习惯，可以不论；要求每个教师都这样，则是不尊重教师的非人道的“管制”；而用之于教学，那就是愚蠢的行为。

没有哪个教师的教学会去追求“无效”。然而，过于强调“有效教学”，其实是把教师等同于匠人。匠人的制作工艺，往往计算精确，比如切割钻石，锤打雕琢，气力的确不可多一分，次数不可少一下，一步也不能错的。然而教学不是这样的。让学生掌握概念，习得方法，有人只需教师说一遍，有的甚至无师自通，而有些学生甚至需要不断重复教诲。

工业生产线上的工人，他的每个动作必须规范，个人行为与生产流水线几乎成为一体，才会有所谓的“效率”。然而，事实已经证明，这种劳动形式不可能给劳动者带来愉快。早在七十多年前，卓别林的电影《摩登时代》已揭露了那种非人道劳动对人的折磨。北欧一些企业早在三十多年前就注意改造、拆除生产流水线，改为劳动组合，既注重了效率，更注重工人的劳动愉快。然而，教育工作根本不是生产线，是育人，和种树相似，无法讲求“效率”。

曾有人讽刺丘吉尔，说他每天能想出一百个主意，然而只有一个有效。按他们的逻辑，只要想出一个“有效的主意”就行了，那九十九个都是“无效劳动”，他们根本不懂“一百个”和“一个”的关系。思想者和工匠的不同或许也在这里。

曾有专家谈“有效教学”，谈对教师的教学意见，认为一些老师上课没有注意环节，多说了一些话，提问效率不高，有些学生的回答不得要领，老师归纳不够。专家一口气讲了一个半小时。事后我问几位老师是否记得专家的谈话，大家说，没有什么要记的，他的观点也是常识。——你看，这位专家说了一个半小时，听众竟然什么也记不住，我们能不能说这名专家的“有效教学”全是无效的？可能也不会。

瞿秋白曾应邀给北伐军政工干部做《关于如何做好北伐战争宣传报道工作》的报告，讲宣传工作概念，他上台就说：“宣传关键是一个‘要’字，鲁智深三拳打死镇关西，拳拳打在要害上。”说完就下台了。26 个字的“演讲”，简洁精短，历史少有。是的，鲁智深只打了三拳，拳拳“有效”，如同当今尖端武器和技术之“精确打击”，非常难得。可是，和“三拳打死镇关西”同样有名的“武松打虎”则不是这样。武松打虎到底打了多少拳？哪几拳有效？哪几拳无效？有谁评论过？——放大一下自己的生活，我们是不是可以问：你的 24 小时是不是“有效生活”？你为什么比昨天多睡了三分钟？有没有道理可解释？你为什么比昨天多打了一个呵欠？要不要分析一下原因？

我赞成“有效教学”，但对要求“每一个教学环节都有效”表示怀疑。“效”的标准有吗？有，“有效”即“有用”；目标就是“利”，无利则不为。而时下基础教育教学中的“有效”，大多是和“应试”结合起来的。面对五十多名学生的教学班，学生有个性差异，学力不一，志趣不一，接受能力不一，状态不一，面对这样的群体，侈谈“有效教学”，唯一可能的动力，就是准备中考、高考。

目的不清，表述不明，缺乏智慧，不讲策略，如果跟这种状态的教师谈“有效教学”，你也“无效”——不但白辛苦，甚至也是愚蠢的。

任何事物被夸大，也如真理多越一步即成谬误，这个“有效教学”一旦被公式化，也会把老师弄得无所适从，连课也不会上。

学生发展不可能“标准化”

有一年，同事座谈年级状态，说长道短，大家不约而同羡慕一位老师，说他的A班“比较整齐”，几乎所有任课教师都说，A班的课“好上”，学生学习差距小，没什么“拔尖”的，也没有什么“落后”的，上课“很顺”。没想到A班班主任也有他的忧虑：“及格率”从没问题，“优秀率”比较高，各项评比都不低，几乎平安无事；可是，为什么自己总像是没什么教学激情呢？

分班是电脑派位的，没有人为因素，出现这种状况也属正常。但老师们对班级构成的认识耐人寻味：差距大了不好，差距小也未必好。

无论是当班主任，还是任课，在那种“整齐”的课堂上，也许比较轻松。教师教学要考虑学生的接受能力，一般会选择一条大家能接受的基准线，教学时不至于顾此失彼；而现在，因为“学生整齐”，教师不需要有太多考量，他在课堂上不需要“照应”不同接受能力的学生，他的困难少了，长期不需要应对挑战，他的专业素养会不会因此退化？

20世纪80年代末，应试教育起步，中学开始有“快班、慢班”，然后有“实验班、普通班”的幌子，后来有名称稍好一些的“分层次教学”，都是按学力把学生分为不同等级，但这在应试文化下，无疑会助长恶性竞争；比较文明的做法，则是让学生自报等级。这样一来，班级“整齐”“便于教学”了，可是，为什么一些老师反而感到无趣了呢？

我在多年后想到，这究竟是不是教师的“幸运”，可能还在其次，对学生学习能力的培养，可能未必是一件好事。

如果学生在一个学科的学习中，遇到的都是和他“差不多”的同学，他们对学习的预期“差不多”，他们的理解水平“差不多”，他们的见解也“差不多”，甚至考试成绩也“差不多”，他看同学就像是对着镜子里的自己一样，那么，学习怎么可能是有趣的事？课程相同，趣味相同，学力相近，太整齐了，学生很可能失去了“关注”，他向不同的人学习或交流的可能变小了。

我在教学中的确曾为同班差异大而苦恼，也曾顾此失彼，为无法找到比较稳定的教学平衡线而绞尽脑汁。但我在多年后发现，当年学力不同的学生，后来并没有什么“差异”。他们的性格、兴趣都很正常。在一个有差异的、发展不均衡的、各有特点的集体中，每个人都可能找到自己的适合位置，只要教师教育观正确，不会影响学生的发展。而在一个过于“整齐”的集体中，个人的思考有可能趋向简单。

回忆自己的中学时代，那时的学科教学要求并不高，但是教师的业务水平可不低，很多老师是“民国遗存”，有硬功夫。那时考试少，检测少，更没有“排名”，我的同学兴趣五花八门，成绩高低不齐，老师似乎不太在意，学生也没有什么负担，课外想做什么就做什么，家境好的，装晶体管短波收音机、做航模玩，家庭贫困的回家糊纸盒、敲莲子谋生。老师不管“课余”，也没人会对学生说什么“起跑线”。

“文革”后，我当教师，应当说，这几十年教育得到了发展，但在发展过程中，我感到失去了很多东西。因为要“达标”，要“升学率”，在一个学习集体中，有时很难看到“不同”，学生的个性很难获得发展。作为一名教师，我的作用是有限的，我在发出疑问的同时，也被潮流卷着走，但实际上，我始终没能让学生“整齐”，我不可能有那样的能力。

我教过的班，学生各有所长，每个学科都有些富有见解的学生，也有些学生几门课都感到困难，我不可能，也没有必要让他们统一在一条线上。如果教师都忙着“达标”，学校的教学也只是为了“达标”，教师就是生产线上的操作工了，校长也就可以不动脑筋地搞“一刀切”了。

学生各有所长，在各科学习中发展不均衡，对教师而言，未必是坏事，正可以锻炼他的教学统筹能力。他的课堂要兼顾所有的学生，他要完成教学计划，他还要启发学力强的学生往深处思考，他要给大多数学生留下一点拓展的空间，同时，他还要照顾那些学习比较吃力的学生，不让他们感到困难而丧失往下学的信心……这比站在队列旁边高喊“一、一、一二一”、“一二三——四！”要难多了。

所以，课堂教学不是队列训练，根本不可能走“整齐”的。

门门考“优”未必优秀

当年在大学，有次古典文学课，老师在讲宋词，发现前排两个学生在低声背《马列文论》(因为明天要考试)，很气愤地脱口说了一句“门门考优秀的，是最没有出息的学生”。他的话严重打击了正在“争取门门考优留校”的学生，也让真正爱读书的学生松了一口气：毕竟老师不糊涂。当时很多人已经看出，在大学“门门考优”，不过是平庸者的选择。一些“门门考优”的学生，除了死死盯住考试成绩，对很多应当关注的社会民生问题，毫无兴趣。他们对1980年代发生的社会重大变革漠不关心，他们甚至不能正常地、文明地与他人交流。然而，最后“组织上”还是选择了他们，这是耐人寻味也是很无趣的事。

当年大学也争“三好生”。1977年恢复高考，1978年春季入学，我们这些“高龄学生”已届而立之年，但体育课上也有人拼了命跑。这并非因为热爱运动，只是想考“优”，因为要“争三好”，那种场景令人难忘也有点难堪。和幼儿园小朋友争戴小红花不同，个别同学还学会了拉票、请客送礼甚至打小报告。我一直不解：经过那样的“师范”教育，毕业后当教师会怎样对待自己的学生呢？

三十多年过去了，我带着同样的困惑从学校退休。“门门考优”仍然是很多学生的选择。他们从小就瞄准考试，“门门争优”。家长鼓励孩子，教师诱导学生，功利的社会环境，必然会有落后的教育观泛滥。

我所在的学校禁止成绩排名，但年级组总有人热衷于此，一些家长强烈要求公开名次以激励子女，于是有班主任不计后果，经常排名次并告知学生。曾有学生一个学期内，从年级排名第一变成班级倒数第一，原因是他从小学就“门门第一”，从没做过“班级第二”。高二学期结束年级组排名，他发现自己落到“年级第五”，于是情绪一落千丈，两个多月中，无法调整情绪，全面崩溃。家长和班主任教师束手无策，求助于我。我惊讶之余，发现所有劝说都无济于事，只能建议他休学。所幸他迷途未远，听从劝告，用了一年时间，逐渐恢复过来。第二年高考，他谨慎地填了一所普通院校，成绩公布后，竟发现考分远远超过北京大学录取线。又过了多年，我发现他能正常对待工作和荣誉时，内心才感到一点安慰。在童年、少年时期，一个孩子为“门门考优”付出了如此重大的代价，这是很沉痛的教训。经历这件事，我也深切意识到，家长和教师只看重成绩，忽略了他们的学习品质和趣味，后患无穷。盯住考试成绩，想“争第一”、“当老大”的学生，有可能情感脆弱，一触即溃。在我的教学经历中，多次听闻这方面的惨痛教训，然而仍然不见人们醒悟，一批批地如飞蛾扑火。

近年流行一个词——“学霸”，也有学生津津乐道如何当“学霸”。所谓“霸”，无非是考试必胜，永远“不出前三名”。有经验的老师会知道，在一所学校，或是在一个班，考分最高、“排名第一”的学生未必是最杰出的学生。但凡“学霸”，学习目的很明确，他们不关注自己是否有这方面的学习能力，也未必去思考该学科对建构个人知识系统的价值，而只知道这个科目的考试他也要考第一。只有逢考必胜，才能获得想要的一切。至于他想要的“一切”究竟是什么，可能根本没有细想过。

我多年在高中教学，有些学生刚升高一，就摩拳擦掌，“急吼吼”地等待第一次测验；刚到一个新班，迫不及待地打听同学的中考分数，分析他们的“强项”和“弱项”，打听他们课外在哪里补习，打听他们的家庭教育背景，打听任课教师对他们的评价……很多老师都认为，这类学生，即使学习不需要督促，考试成绩优秀，以后的麻烦也会很多，他们的学习一般没什么趣味，与同学相处也不太融洽，特别是走出校门之后，很难有与他人共处并合作的能力。

把考试成绩看得过重，用过多的精力去“争”，这类学生往往没有什么空闲时间去“思”。他的生活也没什么趣味和情调，因为他总在琢磨：“他（或她）这会儿在干什么呢？”他始终有龟兔赛跑的阴影，唯恐一着不慎而落后，于是他始终不敢轻松，要“查漏补缺”，要找些题目来做，要去上辅导班……总之，惶惶不可终日，不让自己闲着；考试结束，他千方百计地打听“对手”的成绩，高之则喜，低之则忧。他的气度变得狭小，他容不得别人超过他。如果实力相当，他则会盼望对手失误，甚至盼望对手生一场病。最可悲的，是他不懂得靠智慧，而只是靠“努力”，永远不休息。他不愿课堂学习的规则被改变，因为他已不太能接受变化，他只能适应拉力赛式的考试。

学生大学毕业一段时间后，我也问过一些当年的“考试尖子”，对“门门考优”有什么体会，他们的回答很有意思：“离开学校，没有考试了，就没有意思了”、“现在想想，当时很可笑，太累了”。我多次听到大学教授感慨，高分录取来的学生，对专业内涵缺乏认识，没有深入探究的兴趣。当今的应试教学，错在不激发学生学习兴趣而一味鼓吹“竞争”，“一考定终身”的评价方式让有天赋的学生不能顺其天性得逞其能，一道“达标”的绳子驱赶亿万学生齐上跑道。

因材施教，在基本学习任务能完成的状态下，保护并发展学生的学习兴趣，让他们学有所长，保持对某一领域持续的探究激情，这比分数和名次重要。无论高考和中考成绩有多么出色，其实都不大可能考出“热爱”来。

说不尽的常识

班主任是最重要的老师

学生需要有精神的导师。学生求学，除了渴求获得知识、能力，也需要有精神向往与寄托，特别在青少年时期，他们需要有“人生标杆”式的人物在身边。这个标杆式的人未必是历史名人，未必是文学作品中的形象，也未必是媒体宣传的英模人物，而是他每天都能接触到的、值得他学习并景仰的活生生的人。父母作为亲人，有时起不到那样的作用，或者达不到那种理想的境界，于是他会在学校里找寻，在社会上找寻。学校是他生活时间最多的地方，在这里，学养高的老师，有精神感召力的学长，都有可能成为他景仰的人。他需要一个有人格魅力的灵魂的导师。在他心目中，这个人是真诚可靠的，像他背后的一座大山；这个人坚定有力，能一下子把他从泥淖里拉起来；这个人富有经验，总能在他最困惑的时候点亮一盏灯……

怎样向学生介绍学科

学生讲述某些任课教师对学科学习任务的介绍，很“经典”。

甲老师说：“我这门课，就是靠多做题，熟能生巧。上届高三，某某中学做了一万多题，高考卷上果然有三道题基本一样；还有三题是相似的，所以，一定不要怕做题……”

乙老师说：“我这门课，就是靠背，除了封底上的定价，你背个滚瓜烂熟，考试不会吃亏的。”

丙老师说：“我上课说的话，凡是说了两遍的，都要记下来，考试基本就考这些……”

我感到困惑：教师课堂上这样介绍自己的教学，学生怎么可能对学科学习产生兴趣？任课老师不向学生介绍学科内涵，不介绍学科史，不介绍学习过程的不可知与趣味，而是用“好处”引诱学生，或是用考试恐吓学生，这样宣讲，会有什么样的结果？很多教师就这样把自己定位成“知识小贩”或“助考师”，每天辛辛苦苦地做违反教育规律的事；他埋怨学生不爱学习，却不去思考究竟是谁“高速度、高效率”地毁灭了学生的学习兴趣。

“二九一十八”与“三六一十八”

节奏正常的，甚至慢条斯理的常态课，不容易被记住。这样的课是不是就没有“效果”了？未必。这些年，倡导“高效课堂”，行之严苛，有指导者点评时，批评开课教师“这里一分多钟，讲了没用的话”、“两三个学生发言，都有些拖沓，应当提醒他们简单一些”。锱铢必较，几分钟的缓冲也不允许，这是把课堂当作生死竞技场了。

既然一节课能精心设计七八个有效环节，而且“环环相扣”、“举一反三”，那就是说，一节课胜过好几节课了。可是，课时是国家课程规定的，是有依据的。我在一所学校听了有关“高效课堂”的介绍后，不得不质疑：既然每节课都如此“有效”，甚至“高效”，那为什么贵校课时不但未减，反而有所增加？“高效”之后节约下来的课时做些什么呢？为什么你们连体育课都减去了？如果省下来的时间给学生参加体育锻炼了，让他们去社会实践了，让他们去野营了，或者，让他们去劳动了，甚至，用于他们增加睡眠了——那样的“高效”，可能有价值。如果课堂是“高效”的，一节顶三节，学校把省下的两节拿来“训练”，做题、考试，以测验“高效”，我就觉得：“二九一十八”有时未必如“三六一十八”。

慎言“挖掘潜力”

我觉得，中小学有些课没有必要上。现在中学的课，实际课时远远超过国家规定，小学的课也多到不可思议。之所以说中小学生是全国最忙的人群，就在于他们每天学习活动远远超过 8 小时，而且双休日也无法休息。我时时质疑，总有教师说："目前情况还不错，上课没有人睡觉，作业也都按时完成了。这说明学生还有潜力。"可是我不是这样观察的，我想到，学生是"打起精神来听课"的，回到家后，是喝了一杯咖啡或是浓茶提神的，他已无余勇可贾，不能再"挖掘潜力"了。经验告诉我，持续学习的时间越长，越容易导致低效。当学习失去乐趣而成为"无限度的任务"时，青少年对生命、对社会，对面临的一切都有可能抱着不负责的态度。

防止“重教轻学”

"少上一节课当真有什么不得了的后果？"我在学校提出这样的问题，绝大部分老师同意我的判断，甚至有人认为"少上 20 节也不一定会出问题"。曾有个班，对某科教师的教学反映很不好，这个老师不认真备课，上课照教参读，作业不批不改不讲评，教学评估，这名任课老师平均分"不及格"。但这个班考试成绩却并不差。学生毕业参加学校的调研会，直言不讳，说："考得不错，是靠同学们努力；也许是指望不上老师了，所以我们班的自学能力比较强。"这个例子有一定的特殊性，教师不能用这种方式培养学生的自觉和自学，但从中可以看到，学生素养的形成未必靠教师，也未必依赖课堂。目前中小学"重教轻学"倾向很严重，一是对教师要求过高，百般挑剔，二是课时过多，忽略了"学"。在教师职业水准不高的情况下，学生学习会出现困难；而教师力能胜任的状态下，学生往往也会缺乏主动性，过于依赖课堂和教师。——观念陈旧，缺乏智慧，师生双方都会弄得疲惫不堪。

要保证学生的自习时间

课堂学习是普通要求，如果学生“不在状态”，不必强求他在课堂“学会”，他可能在课后“悟”出来。如果教师总是不放心，利用一切时间不断向学生重复，不但低效，也会导致学生厌学。

晚自修是学生自学时间，每天有这样两三个小时，学生能做很多事，解决很多问题。有自由支配的时间，学生能得到不同的发展，因为课堂教学是同一要求，在课外，学生可以有更多机会发展个性化学习。现在很多中学生的晚自修被“统”起来了，集中在学校，由教师看管；更难以理喻的，是晚上也上课。

问一所初中学校的校长，学生白天上课已经很疲劳，为什么还要安排“上晚课”？校长说，是应家长要求开设的。家长认为学校应当保证学生利益，提高升入高中名校的比率。学校觉得不妥，老师们也不愿意，家长不断上访，教育局只好“睁一只眼闭一只眼”，默许这个“上晚课”，于是立刻形成风气，所以该市才有晚上九点半交通“夜高峰”堵车的怪现象。——学校的教学要听从家长的安排，这种荒唐事，不知为什么，整个学校没有不同意见。

不能只吃第五块饼

过去的笑话，有人吃饼，吃了一块，还是饿；吃了第二块，不够；吃了第三块、第四块，仍然想吃；吃了第五块，饱了。于是他说：“早知道只吃第五块饼好了。”

教师给初中一年级学生做中考卷，高中三年，每天上课不离高考，“课堂教学考试化”，犹如一直“只吃第五块饼”。这种教学的危害，在于让学生对教育产生了错误认识。更令人担忧的，是学生没有听到来自学校或社会的不同声音。

“感恩”教育宜慎重

瑞典“童话外婆”林格伦《长袜子皮皮》中有个故事，慈善家老太太到学校，让孩子们回答问题，回答正确的，能得到施舍，喝麦片汤，得到裤衩和糖果。她的提问十分无聊，但为了能得到施舍，孩子们不得不回答她那些低级、无聊的问题。其实，她是在用个人价值观“统一”孩子们的思想，用一点可怜的施舍让孩子们围在她身边，满足她可鄙的虚荣。我看到这里感到莫大的讽刺，中国的“感恩教育”，往往就是谢一粥一饭，只许感恩戴德，皇恩浩荡，不准说三道四，禁止思考一粥一饭到底是哪儿来的。老太婆的标准答案只有一个，如果回答不合她的意，就只能挨饿，这算什么“慈善”呢？

中学、小学要多交流

每年都有机会参观几所小学，每次都能看到新鲜事，小学同行却习以为常。我提的问题可能有些无知，我需要多了解、多沟通。有年暑假在汉阳七里小学，不知为什么，在没有学生的校园里，仿佛仍然能听到孩子们的笑声和叫喊。这一天适逢老师们聚会，自编、自演“毕业季”，十多位刚刚送别学生的六年级老师走上台，深情地诉说各自的这一年。想起那一幕，我仍然无法抑制激动：孩子们，你们是否知道，在空寂的校园里，老师在想着你们？

在南京珠江路小学，看到一间大教室，几十张桌子，笔墨纸砚齐备。校长说，这间教室利用率特别高，每周学生能来一次，到了星期五，所有老师都会到这儿来练字。我看了他们的板书，不仅高中教师比不了，整体水平甚至超过大学文科教师。相信有一天，那些小学生成为父亲、母亲时，会对自己的孩子说：要把字写端正。

我一直在关注“衔接”，特别愿意到小学参观，我非常想知道小学教了什么，老师们怎么教。小学和中学，应当有自觉的交流，老师们先要在观念上把围墙拆除。

治理乱象靠法规

作业量能不能控制？家教、补习势头能不能遏制？大多数校长、教师都会叹息摇头，认为没有办法。我推想，欧美的教育文明很可能随着经济的发展有过起伏，他们很可能也曾经历过一些曲折，我们应有这方面的教育史研究，而不能以“国情不同”一推了之。

在欧洲观光，开大巴的司机，从德国到法国，再到意大利，直到从罗马返程，共七八天，全程一人开车。他在高速公路上一直保持每小时90至100公里的速度，哪怕路上空空荡荡，他也不加速；每开两小时，他就休息一次，第一次歇15分钟，第二次30分钟，第三次20分钟。他年富力强，体格健壮，休息时，他无聊地坐在路边，不断看表，准点上车而不敢提前。我们被告知：他的车上有个记录仪，上车必须打开，公司能知道他是否超速，是否按规定休息，是否私自增加行车里程……也就是说，这个独自在外的司机必须牢牢地记住“行规”。如果违反行规，一次罚款相当于三个月工资，代价极大；而如果有个两三次违规被公司开除，连工会也不敢帮他说话。谁也不敢破坏规矩，因为有制度约束，有行会管束。意大利人浪漫，但并不散漫。一个规则，一个办法，就治住了路上的乱，每年要少出多少事故，挽救多少人的生命！

这件事给我的启发是：社会如果守规矩，先得有规矩可守；教育给人以智慧，教育本身必须有智慧。基础教育的乱象完全可以靠法规得到治理，任何推诿都是丧失教育责任的愚蠢行为。

第五辑　这些，和课堂有关

差异在“业余”形成

现今中小学教师绝大部分受过高等师范教育，每年还要接受“继续教育”，应当说，起点相同或相近，为什么教师专业水准会有那么大的差异？这种差异是怎样形成的？

课堂教学所要落实的是课程基本要求。教科书的教学设计，依据课程标准，编写者要考虑全部使用者的状态，要预见可能出现的各种情况，而不能根据个人经历主观臆断。在参加教科书编写的过程中，编委们经常想知道中学生的实际语文能力，也想了解中学教师的文化背景。但这让我感到为难。我总怀疑自己掌握的情况缺乏普遍性而不足为据。我也在思考：一名师范本科生或硕士，以他们的学力与文化背景是否能胜任普通中学教学？

小学教学有同样的问题。编者认为教科书千锤百炼，经过试用阶段，不至于有太大问题了，但一部分教师拿在手里，仍觉得生疏，不会教；另一部分则觉得太浅，纯粹浪费时间；还有些老师，稍稍浏览一遍，便会发现常识错误。教师专业水平差异大，往往被错误地认为是“众口难调”。

中小学各科教学内容有些是交叉的，不可能也没有必要划清边界。小学生问语文老师：“课文中的‘水压’是什么意思？”老师说：“你长大就知道了。”其实，这个语文老师很可能“长”到退休仍然不清楚“水压”为何物。同样，数学课上，小学生想知道题目中“锦标赛”的“锦标”是什么意思，可是老师说“你自己回家去查一下”。学生希望老师无所不能，儿童的好奇心和求知欲往往是被老师的“万事通”、“有办法”激励出来。学生想知道的知识，教师至少要粗通一些，不能用“这不是我的专业”来推托。儿童并没有“专业”，他要去了解世界，结果发现教师除了自己的“语文”或“数学”，对其他所知甚少，那他一个小孩子有什么必要去学那么多？教师的教学能力差异，往往可以在“非专业知识”方面找到原因，教师的综合素养是“专业”的背景，这种“综合素养”体现在教师的“学习力”上。

我认识的一些老师，都有自己的“业余”。有位数学老师，善行楷，他的硬笔书法出过字帖；有位英语教师，摄影达到专业水平；有位语文老师，对中医药很有研究……还有些老师，尽一切办法了解百科知识，经常去听其他学科的讲座。有个学生在美国读博士，听无机化学课，教授借用莎士比亚《李尔王》中的一句台词来说明一个现象，顺便说起莎士比亚戏剧，一说就止不住，说了两个小时。来自世界各国的博士生，没有哪个不吃惊的，没有人认为他“上课跑题”，而是认为“化学太了不起了”。“尝一脔肉，而知一镬之味”，即使一节课，也能体现教师的智慧与修养；所谓“一辈子时间备一节课”，也就是这个意思。

近年接触到不同学校不同学科的很多老师，我求教于大家，老师们与人为善，不大愿意批评同行，但大家都认为教师的专业修养和文化素质不足，对教学、对学生会产生不利影响。同样，很多人也提出，教师的“准入”门槛也应当有统一的最低限度标准。但是，不会有哪个行业会制订从业者的“业余”或“非专业”要达到什么标准。这只能是教师个人的认识与追求。

基础教育是普通教育，作为教师，他的修养和趣味应当高于社会平均水平。遗憾的是，在一些场合，人们已很难从文化教养上认出教师群体，他们在文化精神上被社会同化了。去佛罗伦萨观光，旅行团中大部分人受过高等教育，有一批大学教师，整个旅行团像着魔一样挤在两百平米的皮货店里，虽然那些箱包在世界任何地方都可以买到；而离这家皮货店一百米，是但丁和米开朗基罗的长眠之地，却无人问津，竟有教授不知道（或者不想知道）但丁和米开朗基罗。

“文革”前和“文革”中，批判“资产阶级生活方式”和“小资产阶级情调”，听古典音乐，吟诗作画，品茗喝咖啡，都属“不务正业”。如果你经常看世界地图，或是对工业知识感兴趣，有可能怀疑你图谋不轨或是刺探机密。总之，除了“又红又专”，你不能有“业余”的兴趣，这种意识影响了一两代人，造就了“宁可庸俗，不找麻烦”的不良风气。有什么样的价值观，就会有什么样的生活方式。“文革”毁灭了劳动者的“业余”，最终造就物质化的几代人，而文化观念的扭曲与毁灭，严重阻滞了人的和谐发展。

无论专业水平高低，人们通过“业内劳动”获取生活资源，然而这不是他生活的全部，他的生活品质还在于有什么样的“业余”。很多人都发现了“业余”的重要。判断一名教师教学修养，要多看他“业余”在做什么，他有没有阅读的习惯，有没有钻研“非专业知识”的趣味。如果学校和家长把教师有限的业余时间占据了，教师本人也懈怠了，认为没有“业余”了，这个问题也就无从谈起。

周有光回忆青年时代与爱因斯坦的会见，写到“爱因斯坦空闲得不得了”，“爱因斯坦有句话对我很有启发。他说：‘人的差异在业余。’据计算，一个人到 60 岁，除吃饭睡觉，实际工作时间不很多，而业余时间倒是更长。通过业余学习，你可以成为某方面的专门人才。”我能想象爱因斯坦想找人聊天的心情。可不可以这样说呢——因为爱因斯坦知道很多物理学之外的东西，所以他成了爱因斯坦。

问同行业余时间怎么安排，有人回答“忙，没有业余”。这显然不是负责的态度。想起曾问老师们读了些什么书，有老师说“学校没发”。二者如出一辙。也许更重要的是教师对自我的认识，有时，我们谈的是教学工作，但体现的其实是生活态度，是对生命的认识。

不宜“推门听课”

在很多场合，人们说起“推门听课”，都比较自得，认为这个“推门听课”代表严格管理，敢于监督，代表教学经得起检查，没有弄虚作假。但是，对这个“推门听课”，30 年前，我尚能接受，现在则越来越感到担忧。我们总是强调“学生的学习权益第一”、“一切为了学生的成长”，我们也强调“尊师重教”，那么，在这个问题上，能不能换个文明一些的表达方式呢？我觉得，对学校教育而言，这个“推门听课”似乎缺少对课堂的尊重，毕竟，“推门听课”旨在检查教师教学情况，并不针对学生的学习，这一点，连学生也明白。

我之所以有顾虑，并不意味单方面强调课堂“神圣”，而是出于对人的尊重。学生在课堂上学文化，也学文明，课堂上发生的一切，对他一生的修养和性情潜移默化。“推门听课”，是查教师的教学规范，查教师的业务水平，也就是说：当着学生的面，查教师。

在很多学校都听过有关人员炫耀“推门听课”，针对一些教师教学态度不佳或触犯教学常规，我一度认为这不失为一个办法。但我很快就发现，虽然“管理”上开始见“效”，但有可能牺牲了对教学的敬重。课堂是师生教学活动的场所，不是随便可以进出的自由区域！一般家庭对不速之客往往也会手足无措，教室中突然有人“推门听课”，必然妨碍学生的学习。你怎么可能让一群学生（特别是小学生）面对一个“推门”而入的人熟视无睹并保持安静？

有教师描述某校的“推门听课”：课上了十多分钟，忽然校长带了几个人昂然走进教室，从前面直走到后面坐下，拿出笔记本，记录教师的板书，或是用手机拍照，十分钟之后，趁着学生读书，一一走了出去。令人惊愕的是他们又进了隔壁教室！这难道是“听课”么？有点像城管查小贩，警方抓“黄赌毒”了。即使教师胸怀宽广，学生的学习情绪怎么可能不受干扰？有稍稍文明一些的，为不妨碍学生，悄悄从后门进教室。不过，即使从后门走进教室，也有可能会引起学生注意力分散。

我并不觉得“推门听课”有什么效果。强调“推门”，或是防做假，或是查“常态”，是针对教师的。一名管理者，如果不是教学内行，即使他有备而来，听了教师一节课，也未必说出什么有价值的意见；而即使作为一名内行，也不应依照自己的经验对其他教师指手画脚。这也就引出另一个问题：为什么对教师上课不放心呢？有智慧的管理者是不会用这种“突袭”方式督查教师的，他会有更合适的方法深入细致地了解教师的业务修养和工作状态，并和他们沟通。首先，他会信任教师，知道他们在为一个高尚的目的而工作，他们会付出巨大的努力，为学生的未来负责。其次，他了解教师工作的辛劳，知道他们即使处在劳累中，也会尽自己的所学所能关照学生，他们不可能懈怠。即使从其他渠道知道个别教师的课堂教学存在这样或那样的问题，他也相信教师需要有成长的过程。总而言之，他不会把教师当作不监督就不劳动的人。

有所中学，教学楼做过高考考场后，学生反映，为防作弊安装的监控探头仍然在工作。也就是说，学校某个部门可能在利用这个监控探头，因而也就不必“推门听课”了。有教师让学生用黑色垃圾袋把探头蒙上，因为教师和学生都认为那个监控探头是对课堂的侮辱，“在监控探头下没法上课”。老师们交流时说起这个“探头”的话题，其实和“推门听课”一样，都是基于对教师的不信任；同时，教育管理者没有任何理由侵犯学生文明学习的权利。

这是学校，不是监狱，狱卒从窥孔中观察囚徒的活动，是为了防范他们捣乱或逃亡。如果校长或主任试图用监控探头来观察教室的动静，他可能尚未明白什么是教育，把自己当作牢头了。

装修过度的课堂

在一些课堂上可以看到许多“教”和“学”之外的东西。一节普通的课，师生活动正常，如果面面俱到，锦上添花，如琢如磨，富丽堂皇，像装修房屋一样精工细作，可能适得其反。

为什么要把简朴的家装修得像社会宾馆？宾馆豪华，不过是为了提高住宿费。住在“像宾馆一样的”房间,能有“家”的感觉吗？记忆中，有几次出差，接待方面过于热情，安排到高档宾馆，装潢考究，设施齐备，用具都藏在暗柜里，我只不过在这里住一宿，结果为找拖鞋花了十多分钟。还有一次，由于宾馆套间格局复杂，家具式样新颖，灯具开关隐蔽，进屋两分钟，为设法开灯即被碰伤，乃至于晚上无法安睡。在普通招待所或快捷酒店，反而没有这些困扰。有位经营快捷酒店的商人谈经营宗旨，“卫生达标，该有的要有，满足基本需求即可”。他的话对我很有启发。同理，课堂应当遵循简约的原则，简约并非简单，不是一个低要求，能做到很不容易。学生的基本需求，就是“学习”，课堂弄得花哨，学生注意力游移，甚至可能丧失思考。

学生为组织新年晚会，用了一个多星期，开了预备会，选出执行小组，分配了任务。形式混杂，因为想要兼顾所有人；仪式繁复，因为环节多才显盛大。一个晚会，开了四个多小时，虽然都感到累，但一年一次，大家也没怨言。

他们为什么能接受那样繁复的形式？也许是社会文化的感染，比如那个“春晚”，比如社会活动（包括学校集会）那一套套的繁文缛节，都可能成为某种暗示,让他产生“求全”的想法。近年有个暗含贬义的词，叫“高大上”，渗透在社会生活各个方面，仿佛成为共同的社会文化追求，浮华、奢靡的风气在败坏时代精神和人的品质。

我有时担忧：教师的课会不会对学生的意识产生影响？学生从小学直到高中，大约要上两万节课，如果经常上那种“装修”过的课，都那样“求全”，枝枝蔓蔓，会浪费大量学习时间；更让人担忧的，是教师追求形式，不愿或不想割舍赘余的态度，会影响学生的判断。

一节课究竟能承载多少东西？总共只有几十分钟时间，看看相关章节，举一两个例子，讲授一个概念或技巧，启发学生关注一种方法，仅此而已。能做到这些，很不错了。简约的课，会很清晰，没有多余环节，也就未必需要所谓的“一环扣一环”。学生在这样的课堂上，可能会比较轻松。我愿意让学生轻松地上课，我愿意课堂上有笑声，我希望他们下课时，不觉得累，我不想让自己的课像警匪片、惊悚片、悬疑片那样惊心动魄、波澜起伏。

一成不变的课堂模式会让学生疲倦，花样百出的课堂则让学生无所适从。我观察过一些课，开课教师标新立异，精心设计一些环节，甚至模仿流行的电视娱乐节目。那样的表演，一些学生会感到新鲜，自觉“配合”老师演出。但中小学主要学科每学期有一百多节课，不能每天让他“看节目”，过多的变化有可能干扰学生，在基础学习阶段，他需要一些稳定的东西，以观察、摸索出基本规律，把握常识和常理。因而我每看到借班表演“新法”的教师，总会想：在日常教学中，他真敢每节课都设计如此之多的环节？

学生有很多节课要上，教师千万不能把一节课当作“最后一课”。都德写的《最后一课》，那个真正上最后一课的韩麦尔先生也没有升国旗、唱国歌，也没有设计什么富有意义的活动。

教学得法的“简约课堂”，会留给学生比较深的记忆。环节过多或是复杂了，学生，特别是低年级的学生，就有可能忽略课堂最重要的教学内容。

还有，是不是一定要有一个“名头”呢？有位小学校长认为自己“首创”了独一无二的教学法，要求全校以此命名课堂，这是把学校课程当成了“菜系”。教师的学科不同，任教年段不同，学不来，也未必认同，学校“强行推进”，于是大家只好在教学检查课上增加一两个环节演一下。如果实在没招，就“频频出现关键词”，作为标签，向学生，更是向听课人强调一下学校教学法的“统一特色”。这节课过关了，可学生有七八门课呢，学生在所有的课堂上都听到这个“统一特色”，等于洗脑。当他离开学校时，他对教室的记忆，也许像挂着成串红辣椒、摆满酸菜坛子的五颜六色的小饭店，或是金碧辉煌，让人不自在以至于缩手缩脚的高档宾馆。

绝大多数人习惯住在温馨的家。把课堂当成简朴的家，只要有正常思维，就能实现。

不要总想着表演

观摩同行的课，最担心看到师生联手表演。不知为什么，一些教师有种习惯，即在公开课上总想着要“出彩”。如果没有点“彩头”，他就没什么信心，他会认为这节课可能比较“平”，他就认为难给听课老师或评委留下深刻印象。——这时，他一般不考虑学生能学到些什么。

这种心态，耳濡目染，很多教师不知不觉地接受了。常在课后听老师们议论，“这节课没有什么‘看头’”、“一般化”。什么是“看头”呢？也许就是所谓的“看点”，或是上面说的“彩”吧。听课者仿佛有一种期待，上公开课的教师一定得“演”点什么。

玩起花样，玩起噱头，有些教师真是行家里手，表演成性，眼中没有学生和教学。某次示范活动，请来一位教师，行头装满整整一个拉杆箱，最过分的要求，是其试探性地提出，在她朗诵课文时，能否“灯光转暗”，最好能有一束光打在她头部并跟随移动……当时大家就觉得“组织上找错人了”。

语文课不是表演课，教师不能把课堂当舞台，也不宜让学生表演。每次听老师上曹禺的《雷雨》，便担心要“分角色”诵读。以我听课的经验，如果“借班上课”，一般会请学生推选班上诵读最好的同学；如果是自己的教学班，教师就不该请“老角色”，而应当抽取学力中等的学生，因这样比较容易发现问题。可是无论怎么处理，几乎每一次都适得其反，“周朴园”和“侍萍”的对话都会让学生窃笑甚或哄堂大笑。因为毕竟这是“戏”，学生看到同学忽然成了“角”，注意力就转移到他（她）身上，而未必去关注文本了。然而不少教科书就是这样要求的，开课教师没有自己的判断，每每弄巧成拙。

同样是剧本教学，让学生通过小声阅读感悟文本，效果比听角色对白表演要好。他轻轻地读，细细品味，读出了人物的内心情感，读出了人物性格，他明白了人物的情绪是怎样产生的，他在反复的读中品味出了表达的情感……这是传统的语文学习路径。语文学习不一定需要表演。我有一次教《牡丹亭》“游园”，让学生自读，唯一的要求是“在读时最好要有自己的想象”；抽查阅读情况时，我没让发言者再读一遍，只让他们用一两句话说说想象的画面或感受，效果很好。如果像某些公开课一样，让学生在讲台上走来走去扮杜丽娘，很可能要笑场。

小学语文教学也有些不太合适的要求，也曾鼓励学生表演，比如有些课常要求“有表情地朗读课文”，那一来就把儿童的纯真毁了。听小学生读课文时那种做作，那种虚假，那种媚态，令人恐惧。那种教学，毒害儿童的心灵，让他们从小成了表演者。在很多地方看到这种折磨儿童天性的“教学”，很反感也很无奈。

受邀观摩小学生演讲比赛，赛前在场外看到教师辅导学生的场面，那真叫折磨：教师现场指导，让学生模仿，“读到这句时，要朝前走一步，右手要朝上扬一下，就这样——”，做了个动作示范。可是那位小女孩扬手时，身子总是要朝一边倾斜，老师生气了，一再训斥。我在一旁观察，如果没有教师要求的那些动作，那女孩说话是连贯的，而加了那些动作后，不但身体显得僵硬，连讲话也结巴了。比赛时，那个女孩朗诵过这一小节之后，才想起老师交代的“扬手”动作忘了，于是补了一个，场上很多人笑了。——如果没有那个蹩脚的表演指导者，她是不会出洋相的。

课堂不是“春晚”

教师以育人为使命，在教学中尊重学科的严肃性，是保持职业自尊应有的态度。

从 20 世纪 90 年代起，随着社会商业大潮涌起，对教师的种种诱惑开始多起来，各种“评比”多了，职称序列化了，荣誉称号成系列了，社会奖励和赞助多了，一些教师的课堂也就成了名与利的工具或筹码。

现在，人们对“春晚”的兴趣渐渐地淡下来，这是文化发展的正常趋势。几十年来，依靠独一无二的垄断优势，“央视春晚”让一批艺人名利双收，也让无数的艺人渴望，甚至有专门的《我想上春晚》栏目，吸引中青年。

中小学课堂，也受娱乐界影响，一些中青年教师似乎乐于把课堂变为小剧场，把自己变为“主持人”，把学生当作“互动的观众”。我曾听到开课教师矫情地嗔怪学生和听课教师“掌声不够热烈啊”、“这个时候应当有掌声”，虽然一笑了之，但我认为非常庸俗。在课堂上，教师竟然把自己当作靠表演谋生的艺人，而真正的艺人不会乞求掌声。

教师在课堂上引领学生学习，关注学习的内容，积极思维，没有必要让学生的注意力集中到个人身上。教师在课上努力展示个人“才艺”，不管学科教学是否需要这样折腾，也不管学生是否需要看他（她）的表演，是典型的舍本逐末。在这些表演者眼中，没有“课堂”，没有“学生”，没有“思维”，只有“出名”，这种哗众取宠的课往往是上给评委或专家看的。奇怪的是，也有很多资深专家或教授乐于捧场，比“春晚型观众”素质更高，不需现场号令，自觉地鼓掌喝彩，这也让我们看到，社会对教育的误识、对教学的误解有多深。

如果开课教师实在有款待来宾的心，觉得不过意，适当地“意思”一下，满足一些听课教师的好奇心，未尝不可；但表演成性，时时不忘过瘾，就是亵渎课堂了。这种集中表演，教师精心准备，往往只“新鲜”一次，下一节课则黔驴技穷，学生也因此看出教师这种设计的目的，不排除以后他也会这样做。

我反对教师不顾学生学习权益的表演和卖弄。比如，教师在小学公开课上谈美学，谈艺术哲学，谈世界教育，在一群小学生面前说高深莫测的理论，不恰恰说明浅薄无知吗？这个老师急于在听课人面前卖弄，但忘了这是小学的课堂。

课堂有适当的即兴表演,未可一概而论。当年听唐圭璋先生讲宋词，教室挤满了人，唐先生 80 岁了，讲话气力不足，但那双眼睛分明在告诉我们，他一直能看到宋代。有老师说，早年唐先生讲宋词，会停下来，拿出箫，吹一支曲子，箫声低回，满座怃然；他讲过的词，那些情境，难以磨灭，以后吟诵辞章，耳边常回响着先生的箫声。那不是表演，是教师用生命在教学，那样的课堂是有生命的课堂。

不管你有多少“才艺”，也不要把课堂当作“春晚”；如果学生需要娱乐，可以有其他的场合与形式。教师有修养、有智慧、有情趣，能激发学生的求知欲，让学生在课堂感受“学”的趣味，潜移默化，逐渐也成为有修养、有智慧、有情趣的人，这是课堂的“正业”。

不要操控学生的感情

课堂上，学生有自然的情感流露，是最好的教学状态。教师不要操控学生的感情，否则就违背了教学规律。

1966年初，穆青等撰写的《县委书记的好榜样——焦裕禄》见报，电台、广播，社会上纷传“听的人哭成一片”。那年我读初三，学校组织年级开大会学习，请一位老师读报道。他读着读着，先哭了，一边哭一边读，话筒放大了的哭声特别有感染力，场上有学生哭了，然后越来越多，终于达到了传说的“哭成一片”的效果。我们坐在一起的几个男生没哭，我们低着头，为自己“缺乏阶级感情”感到羞愧，感到对不住哭得那么伤心的老师和同学。但是，我不觉得大哭一场对“改造世界观”会有什么帮助。那个场面，很多年后记忆犹新，我隐约觉得，那中间有戏的成分。成为教师后，我感到，教师的教学要有激情，更要有理智，教学是育人，要体现教育精神，无论如何不能操纵学生的情感。

1984年，我带学生参加某电视台组织的竞赛活动，前后十多天，在拍摄现场，导演站在摄像机旁，不断地做手势，示意全场鼓掌，他做动作示意停，观众才能停。那以后我和学生又多次参加这家电视台的节目制作，每次都有这样那样的“导掌”或情绪提示，镜头也专门捕捉那些“有表情”的观众，参加过活动的学生，都知道电视节目中是如何营造“气氛”的。现今在一些学校听课，也会听到教师说“回答得真棒，来，掌声鼓励”、“回答正确，来点掌声”，我就知道，这位老师可能有这方面的经验，或是娱乐节目看多了。

课堂，也是广义的人群活动场所，在这里会发生很多想不到的事。

然而，课堂的任务，毕竟是要发生“教育”，学生可能有感情的自然流露，但无论如何，他们的感情不应当被教师操控。

我反对教师有目的地“引导学生感动”。在一所学校观摩，有人介绍开课的老师“非常有感情，讲课时，经常全班哭成一团”。我纳闷：为什么要让学生哭呢？这是普通中学，不是戏剧学院、电影学院，也不是电视台励志节目制作现场，从没有一本教科书的教学要求会要学生“哭”。没想到，课堂上，学生果真一片哭声。有人遗憾地说：“今天还慢了一些，可能听课人多，学生紧张，以前一般只要10分钟。”可是，我记得是教师先哽咽的，像发了信号一样，一些学生都呜呜地哭了。

教师不关注学生对教学内容的理解，而是引导学生哭，以为这就是“有感情”，其实恰恰是职业素质不高的表现。教师不懂什么叫“课”，把课堂当作个人某种特殊技能的展现，事实上，是为达到某个错误目的，“组织学生感动”，让学生“配合”教师。某电视台曾有档文艺专题节目，主持人每次都千方百计地让嘉宾落泪，为此不惜一切代价，最后，观众对这个节目的印象不是艺术家们的成就，而是主持人“导哭”的各种伎俩。

也许是老师夸张，说有些名师公开课的教案上，预先写出了效果：“这里要有掌声”、“这里要有抽泣”……课堂经常“哭成一片”，是对教学的伤害，是对学生的误导，学生的课堂学习变成了顺应老师情绪的演出。

人在积极思考、感悟中，会被真善美的事物所感动，学生在课堂学习，可能会有感动，这种感动可遇不可求。学习中真正的感动一定包含着个人体验，教学过程拨动了生命的琴弦，这种感动便会自然出现。有几次上课时，看到有学生热泪盈眶，我知道，是写在黑板上的诗句撞击了他的心灵。在一个班上，总有那么几位爱诗的学生。课堂上这种自然的感动，是宝贵的教育记忆，无论是我，还是学生。我能记住那些落泪的学生，是因为那些诗句同样也曾感动过我。

一堂假课能毁掉学生

几位大学教授点评小学名师示范课，说这节课“惊人的完美”、“完美到不可思议”。我不明白，这究竟是表扬还是质疑？听在现场的老师说，教授们的赞扬发自肺腑，感叹不已，认为是“有史以来听到的最好的课”。然而，现场的小学同行完全没有教授们那样激动，这就有趣了。据说有老师笑言“这有什么难的，见多了”，有人干脆说“真放得开，不怕难为情”；还有老师听到教授们的赞誉，开始质疑教授们的专业修养或思维品格。

小学同行凭什么判定“有假”呢？外行看热闹，内行看门道。对有五年左右上课经验的教师而言，如何识别假课，几乎不用教，他不但能识别，甚至有可能也被迫上过假课。只要会思考，这几招，一看就明白了，“示”的什么“范”？

据前辈教师回忆，民国时中小学没有这一套，连相互听课、交流也不多，私立学校和教会学校，好像更保守。20 世纪 50 年代，基础教育学苏联，“公开课”之类的做法很可能是那时兴起来的。到了“新时期”，讲中国特色，为“激励”和表彰，需要发展，“公开课”之外，又有真刀真枪的“赛课”；经济大潮涌过来，又有类似商业演出的“巡展课”，专门的“培训中心”如雨后春笋，一些教师也被捧成了“角儿”。演艺界流行的模式，教育界也有了；为了追求演出效果，电视台也玩过假唱，同理，教师上一节反复排练的假课，则被解释为“展示学校形象”。

有位研究教学法的教授直言不敢在赛课现场观摩，只敢私下看看光盘，因为现场太难看了，不是课堂，像剧场，台上演台下捧，都像不懂教育一样。我连他的胆量也没有，连光盘也不大敢看，如果看了一次，有可能会记住那些热衷表演的老师，而且留下深刻印象，下次看到姓名，就会想起，这对他（或她）未必公平。

我对青年教师说过，我水平很有限，上课效果一般，上过很多自己不满意的课，反思时经常很后悔，但我没上过假课，也希望老师们诚实地上课，保持常态，保持本色。

“上公开课也不让学生做点准备？”有人问。我说，我如果做了一点点“准备”，哪怕仅仅打了个招呼，学生也会记住“老师课前特地和我们打了个招呼的”。听课的人走了，下一节课，走进教室时，我就没法面对学生了。我希望学生诚实，如果为上一堂公开课而预演，排练，找“课托”；为了一节课的虚荣光鲜，会失去“教”的资格，前功尽弃，太不合算了，我才不干呢！一堂假课肯定会毁掉学生对教师的信任，一节假课也能消解他对一个学科的热爱——不要以为这是危言耸听，这方面的教训很多。对少年儿童来说，他的纯洁不能被随意玷污。有几次，我对学生说过：“明天可能有人来听课，麻烦你们把教室扫扫干净，别让人家说你们脏。”这实在是没办法，要面子，不说不行了：听课的人坐在教室后面，教室肮脏，有气味，人家会数落老师的。

让儿童保持梦想很不容易，千万别让他因为一件小事、因为一节课失去对学校、对“教学”、对教师的敬和爱。那种事，有头脑的教师不敢做，可是如果有谁不经意间做了，而且自己还不明白后果，对职业品质而言，很可悲。

但是，风气在逐渐变坏。老同事告诉我，有一回要上公开课，几个学生听说了，兴冲冲地告诉他：“放心，到时候我们‘托’你。”这位老教师很惊讶，学生对他好，是对他诚实教学的回报；可是，为什么要“帮忙”呢？他想到，从小学一路过来，这几个学生可能已有这方面的“经验”了。那么，当他们走上社会时，会以一种什么样的态度对待他人？他们会用什么样的眼光判断所看到的一切？

为什么那些老师敢在课堂作假？简而言之，是名利作祟，发展到欺世盗名。

儿童来到学校，他的眼睛在观察世界时看到的应当是真善美。让儿童“配合”教师在课堂作假，这将要让他们付出多大的人生代价？那些上假课的老师，能扪心自问吗？

对学生而言（特别是儿童），课堂是思想自由飞翔的天空，他在“学”，在“习”，他在课堂认识事物的过程，是学习的过程，教师在这个过程中引导他积极思维，养成正确的方法。在这个过程中，他甚至可以犯点错误，因为这些错误形成的教训，也是智慧的一部分。——然而，现在，那名作假的老师没教会他思考，为了哗众取宠，把他当作一只驯养好的鹦鹉。

课堂教学不能“反教育”，掺了假的课，损害学生对教育的敬重。损害了学生（特别是儿童）的学习热情，必然破坏学生对一个学科的敬重，甚至让他们对社会生活产生错误的判断，进而认为一切都可以通过弄虚作假获取。

为什么有一些学生并不反感这样的假课？他习以为常，认为这是“另一种有用的方式”，教师表扬了他，他同样可以这样“配合”以取得教师的好感，一路顺风。在学校，如果作假成风，那么为一节公开课做点手脚，比起为应付卫生检查的突击，比起应付社会调查的“封口令”，就算不上什么了。再说，老师平时和蔼可亲，对自己很关心，“在关键时刻帮帮老师”，也是感恩的方式啊。所以，个别学生把做“课托”当成玩笑，而当他们走上社会时，已经很懂得“配合”了。

我总觉得，教师在课堂上尽可能不要出现知识性错误，但我后来想到，对教师来说，知识上有欠缺是可以原谅的，谁都不敢吹嘘自己万事通，教师是学习者，教师也可以在课堂上展示自己作为学习者的一面，这也是一种“示范”。但是，教师在课堂上不能有德行方面的错误，比如作假——只要“示”了一次，那个“范”就有可能害学生一生。

我的绝大部分课都存在一些问题，我每次上完课，都会想：“早知道这样提问的”、“刚才不该那样忽略过去”、“本来可以有好一点的办法的”、“某某某同学那个回答其实是有合理成分的”……我大概上了一万多节课，很少有自己满意的；“完美的课”，我一节也没上过。这并非是对自己的要求高，而是“不可能”。

敢在台上表演“完美的课”，要有多大的勇气，冒多大的风险啊！至于敢称赞“完美的课”，则只要不负责任地张一次大嘴巴就行了。

既然布置作业，为什么不批改

教师的作业设计体现业务修养，体现他对教学的基本认识。教师不能用过量作业掩盖业务能力的不足，也不能有“学科本位”意识，一切轻率的决定都可能导致学生丧失学习兴趣。有个初中教师在期末考试前两天，通过QQ群给每个家长一个文件包，内有他收集的近二十份试卷的电子稿，让家长打印出来给孩子“做一做”。有家长打印出来，发现用A4纸有五十多页，惊呆了：孩子24小时不睡，也不可能看完的。这样的事屡屡发生，说明什么呢？说明该教师业务修养差，无知到不可理喻。

学生中开始流行一个词叫“刷题”，即，一些教师布置作业，经常拿着教辅练习册说“从38页做到53页”，或“三天内，从110页到140页，全做”。令人惊讶的，是学生竟然不表示异议——他们习惯了。这样的作业，教师批改吗？不可能。一般只“抽查”，或是批“阅”，因为他也需要睡觉。批“阅”，至多表明他只“查”数量，而不是观察学习质量。这就非常矛盾：教师只检查“做”与“没做”或“少做”，这样的作业，不可能培养学生的好习惯。

“超量作业”是困扰中小学教学的老大难问题。教师、学生，校长、家长，都纠缠在这个矛盾中。其实，这本是教师和学生的事，可以自主解决，但家长干预教学，校长不深入课堂，矛盾就变得复杂了。老师们反映，“减负”的最大阻力，主要来自家长，每轮“减负”，家长就投诉，担心孩子掉队；而作业多了，老师来不及改，批“阅”，家长则认为“老师偷懒”。学校接到家长投诉，往往左右为难，难以宣传并固守常识。

应当告知家长，作业为什么要“适量”，要让他们了解孩子的承受能力，更要学会估算教师的工作量。比如，老师教几个班，每天要改多少作业；教师不可能仅仅替你的孩子单独改作业，为子女的成绩，信口要求学校提高作业量，是不负责任的行为。

如果规定“布置的作业必须批改”，教师就未必会布置超量作业。那种批个“阅”的作业，会养成学生的坏习惯，因为他知道教师不可能认真批改，于是敷衍了事。里根当总统时，曾对全国学联演讲，抨击政府日常公文弊端，说有位教师不断收到表格，指令他填写好后上报；后来教师发现表格尽是毫无价值的，诸如“教室面积”之类的老问题。教师感到好奇，他不相信华盛顿官僚机构会认真统计这些表格。于是，填这些重复的表格时，他就把教室面积逐次扩大，直到与罗马圆形剧场一样大，但华盛顿方面竟没来电话质疑；后来，他又逐次缩小教室面积，小到像货轮甲板只能钻一个人的舱口，华盛顿方面仍毫无反应。这位教师得出结论：这些表格根本没人看，折磨人。每学期开学，老师们特别头痛的是检查假期作业，因为量太大，根本不可能一一批改，只能检查学生做没做，至于质量，没有保证。学生有很多“偷工减料”的经验，也包括那位美国教师式的玩笑。作业超量，形同惩罚，学生的情绪和态度都会变得消极。

教师对待作业要有科学的态度，不能让学生对“作业”产生误解。因材施教，布置作业可以有弹性，强调基本要求，其他则让学生根据需要决定。哪些问题需要关注，哪些则只需浏览，哪部分内容要在统一作业基础上补充练习，学生能根据自己的实际学习状况决定练习量，这是必需的自我评价能力。

作业偷工减料的学生，考试未必差，循规蹈矩做作业的人，考得未必好。这说明什么呢？我观察到学生对待作业的不同方法。有学生完成规定作业之后，翻阅自己选购的教辅，从上面找一两道题做一下，自我评价，认为没什么问题，就算了；有学生完成规定作业后，把教辅上相关部分全做一遍，但仍然感到“没数”；也有人琢磨规定作业，用了不同的解法，根本不看教辅，他觉得多余。

我教语文，课后没有书面作业，有时简单到只留下一个思考题，让大家回去“读读想想”，明天课上讨论。学生只要把阅读文本看一两遍，或是和同学交流三五分钟，就有可能解决；第二天的课上，他能听到相似的、相同的或不同的见解，这，就是“学”。

然而，也有家长质疑，偶尔也会向学校反映：语文怎么没有书面作业呢？也有校长私下嘀咕：“语文怎么没发家庭作业本呢？”

课堂上，我把听到的“反映”对学生说了，学生哄堂大笑。

过早唤醒不一定有好处

2013年底，世界一级方程式赛车(F1)大奖赛总冠军舒马赫在法国梅里贝勒滑雪场滑雪时摔倒在滑道外，头部撞向岩石，颅部损伤。为保证他的大脑不受进一步伤害，医生让他保持昏迷状态，直至2014年6月中旬，从法国格勒诺布尔大学医疗中心转至瑞士洛桑大学医院时，才将他唤醒。看到这则新闻时，很受震动，我们也许无数次地看到亲人如何呼喊患者，看到医生和亲属对病人的苏醒如释重负，可能很少听说“为保证大脑不受伤害”而让伤员“保持昏迷状态”。

我因此想到，教育必须是“适时”的，过早唤醒未必有好处。

德国教育家第斯多惠在《教师规则》中谈道：“我们认为教学的艺术，不在于传授本领，而在于激励、唤醒、鼓舞。没有兴奋的情绪怎么激励人，没有主动性怎么能唤醒沉睡的人。”他的这段话，为越来越多的教师接受。

但有时未必要“唤醒”，因为时候未到。大量事实证明，早期教育如果不能顺其自然，因势利导，在开发儿童智力的同时，有可能粗暴地剥夺了童年，从而让儿童厌恶学习。适时的学习，如不违农时，春种秋收；适量的教育，如同雨水阳光。教育者的任何主观愿望最终必须顺应客观规律。

20世纪80年代，社会一度盛行早慧教育，“提前入学”和“跳级”是很时尚的事，媒体的炒作误导了很多家庭。在一些班级，年龄最小的学生虽然成绩过得去，但性格、言行往往欠成熟，特别突出的，是责任感较差。有个男孩15岁不到考上高中，成天玩耍，就像长不大一样，任课老师有些头疼，说“你这个班主任要管一管了”。我也“管”了，但只要离开我的视线，他的行为依然像个管不住自己的小学生。有一天，他父亲来校，告诉我，妻子患癌症，发现时已经晚期了；夫妇商量了后事，不想让孩子知道，请老师照顾他的生活，安心学习。这位父亲哭泣说完，等待我的承诺。我知道他的心，告诉他我会把这件事处理好。两天后的晚自习时，把这个不懂事的男孩请到我的办公室，我也没多话，问："妈妈住院了吗？"他神情木然地点点头。"你知道她生了什么病？"孩子摇摇头，眼睛看着我。"她可能不会出院了。"说完这句话，我等他哭。他哭了。我放心了：他正常。

两个月后，我陪他去送别母亲。他的亲友看到的不再是个孩子，而是一个高中生。

最高的境界，可能还在于教师能不能判断并抓住最有利的时机"唤醒"，而不是喋喋不休地在学生耳边聒噪。

同时，"唤醒"一个孩子，告诉他黎明到了，睁开眼睛，可以看到美丽的日出，带他走上散发着芬芳的大地，让他去发现生命的迹象……但必须记住，他刚刚醒来，他的手很小，捧不住太大的东西，他的脑袋里能装下惊奇，装不下深奥。他刚刚醒来，就把一大堆连你们也不能接受的主义、理想、成功、励志说教统统堆到他面前，如果那样，真不如让他继续睡着。

愚蠢的人总是错误地理解教育，把它当作一笔有利可图的生意。

没有必要的“提前”

我常对家长说，习惯比智商重要，有个好习惯，一生轻松快乐。我强调习惯，想冲淡他们对“智商”的迷信，是看到一些家长过度夸奖孩子。他们总爱告诉别人，孩子在几岁时就说过什么话，如何让幼儿园老师惊奇万分，在小学几年级就得过什么奖，曾参加过什么重要演出……新生家长会，听家长介绍孩子的过去，几乎个个都是“神童”。我不想扫他们的兴，作为教师，我见得多了。

20 世纪 80 年代初，我做班主任，开学一星期，有 10 位家长来访，谈话时，他们急切地介绍子女学习的辉煌经历，我才知道，班上竟有五个学生跳过级。“跳级”在当时是教育时尚，是“神童”的代名词。——谁家孩子“跳级”，就意味着有异乎寻常的天赋，高智商。但随后的观察告诉我，这种判断不可靠。小学跳过级的几个学生，他们考试能合格，课堂也能跟得上，但任课教师都反映，这些学生习惯方面有点问题，和同学相处不够融洽，容易发生争执，凡事总占着一点理——“我小，你得让我”。几年后，我担任大学委托代管的“少年预备班”班主任，得以有进一步观察的机会。我认为，为了早一两年上大学，缩短小学或初中的学程，未必是明智的选择，虽然这个经过挑选的班上有很多优秀的学生。为了提前一两年，失去的可能更多。

我同样反对媒体宣传“神童”，不管出于什么样的考虑，以什么样的形式。8 岁的孩子写小说，有这样的可能，如果他有这样的趣味；但出版社炒作，媒体鼓吹，这是“商业”，而不属于“教育”。仅仅因为能“跟得上”，就让孩子去和大两三岁的人“同学”；想让孩子能通过捷径尽快地上大学，就不顾一切地让他出现在媒体上，很不明智。为什么不让他正常地学习，以空余的学习时间拓宽精神生活领域呢？我问过一些家长，他们的考虑很奇怪，好像都把“小两岁”当作“竞争的优势”。媒体至今仍然热衷介绍“十岁上大学”和“八岁出书”之类，而没想到有可能是对童年的伤害。

我后来也发现，有些学生并非早慧，也并非真有趣味，而是父母在盲目地“拔”。他们不过是把高年级的学习内容提前拿来教孩子，逼使孩子涉险犯难，早学多学，以图让孩子尽早享受世俗荣耀，以之为“成功”。然而，这些早慧儿童的结局往往和仲永差不多。（我一直支持把《伤仲永》保存在小学教科书中）在早期教育中，不排除个别儿童有异禀，学校和家长可以因势利导，让他保持并发展兴趣和能力。但何必硬要他们“出众”呢？何必要让他们暴露在公众视野中表演或展示呢？“小来了了，大未必佳”，让有点智慧的小孩子“被看”，让他被人们观察、评论，不是明智之举。

如果他的“早慧”是读书“悟”出来的，是较早地学会独立思考促成的，那么教师和家长要注意保持他的求知欲，不要让他在受教育的过程中失却自我。

早一两年“成才”，所付出的代价太大了。读书与生命相伴，学习是一生的事，不要操之过急。有位留学生告诉我，在美国大学化学系见到 65 岁的三年级“插班生”，因为当年大二时征兵去了越南，负伤回来，成家立业，现在退休了，想回校继续读书。那张大学文凭对他一点用也没有，他只为着学习的兴趣，因为四十多年过去，学科发生了巨大的变化，他将比当年学到更多的东西。

仪容风度也是“范”

一般而言，在学校里，在课堂上，教师的形象就是学校的形象。学校不是炼炉，教师也不可能尽是法师，各种状态的教师都有，难免会有个别教师气质、品格不佳，要相信学生有基本判断力，有是非观，不必过于担心。然而，如果教师群体志趣不高，庸俗习气有市场，学生也就未必会排斥。有个中学校长常喝得烂醉，下跪磕头，脱衣服——敬酒时身着西装打了领带装绅士，散席时是光着上身被人抬上车的……听闻这类事，总是不舒服，请想，他学校的教师会是什么样的？在教育上他会有什么样的主张？粗鄙的人会以粗俗气味相投，学生见多不怪，“熏染”就会形成。

有位女校长对某位女教师的穿着做了些规劝，认为保守一些为好，这名教师不服气，当即呛了女校长一顿。女教师认为穿什么、怎么穿，是她个人的事，别人无权干涉。校长认为：“你在家里爱怎么穿才是你的事，你在学校里穿成这个样，不行；因为学生在学校受教育，教室不是演艺场所，教师穿着至少要‘得体’。”

我认为那位女校长的看法没什么不妥。教师衣着应当得体大方，简朴整洁；衣着不得体甚或俗气，会影响学生的生活习惯与审美观。生活水平提高了，特别要注意，衣着奢华，过于时尚，有可能影响职业形象。我上中学时，国家仍在经济困难时期，每人每年的布票很少，同学们身上衣服难得没有补丁，女生也不例外。但我们的外语教师很讲究，每天换一身衣服，她每次像模特一样步入教室，同学们都会意一笑，“又换了”。为什么她的教学得不到认可？除了业务水平一般，很可能是她过于讲究衣着的俗气与学生拉开了更大的距离。

教室不是“秀场”，中小学生对出现在教室的任何人、事、物都会给予一定的关注，教师要尽可能考虑学生的心理感受，尽可能不要因自己的装束转移他们的注意力。

以前，我们连理了发，也要在上课之前去教室“亮个相”，否则进教室上课，会让学生感到异样，注意力分散，我们面对的毕竟是儿童或青少年。可能是我衣着太老派，学生看惯了，有回买了件新衣，因为第二天两个班都有课，怕学生大惊小怪，于是晚自习课间到教室去亮亮相，学生见了欢呼起来，弄得很窘。以为第二天没事了，进教室时，还是有学生鼓掌、喝彩，因为三分之一学生不住校，纷纷围着评头论足。那以后我就不愿尝试改变了，学生回忆我时，总是说，除了夏天，老师好像永远穿深色的衣服。

十多年前的毕业生提到一位老师，语甚不屑，称他粗鄙，说脏话。因为该教师两次在走廊上大声对另一老师说话，声音传到教室里，同学面面相觑。后果很严重，连带另一个老师也倒霉。学生的逻辑是：他们平时可能都这样流里流气的，才会在教学楼走廊里用粗话寒暄。为什么会这样批评教师呢？学生说：“夏天的衬衫总要多解一颗纽扣，这就和街上的人一样了。”“街上的人”，是什么意思？不难懂。教师应当庄重，不该像“街上的人”那样，这是学生对学校表达的敬意。学生这样要求教师并不过分，他们的要求是不突破底线。“教师不说脏话”、“把衬衫扣子正常扣好”，难道是什么高要求吗？

安静的走廊上传来“笃、笃、笃”刺耳、响亮的鞋钉声，学生叹息“又是她”，“听了三年了”。那是某个女教师靴子后跟的钉在作响，她竟然一直这样若无其事地走在教学楼里，她不明白为什么学生对她比较“冷”。如果她心里装着学生，如果她内心注重文明教养，对教师而言，这样的细节未必需要别人提醒的。

真理常从儿童口中说出

看了一批小学教师的教学笔记，我觉得最了不起的，是他们那种尊重儿童的意识。相对于教育对象而言，他们在这方面比中学、大学的同行做得好。很多人直到老年，才意识到童年在生命中的意义和价值，而有些人至死也不明白，一生失魂落魄是因为没有真正的童年。

如果教师都能在课堂上鼓励儿童的大胆想象，鼓励他们的好奇心，教学将是多么美妙的记忆！儿童的知识有限，但他们的想象力没有边界，他们的言说也没有顾忌，因而他们能说出常识和真理。

有个外国故事很有趣。五岁的孩子问父亲："上帝的模样长得和我们一样，他也有嘴巴，他会吃饭吗？"父亲觉得应当回答"是的"。可是孩子的第二个问题是："既然吃饭，他一定也吃到肚子里去了，也就是说，他也有肠子，对吗？"父亲想了一想，觉得应当承认上帝有肠子，于是回答："上帝有肠子。"孩子又问："既然有肠子，那就不可能没有屁眼，对吗？"父亲无奈，只能承认："上帝有屁眼。"孩子说："我懂了，上帝和我们一样，也会拉屎放屁。"童言无忌，这个小孩就这样简单地推论出"上帝和我们一样"。奇怪的是，和《皇帝的新装》一样，编故事的人总把这些事说成小孩子做的，也许正是因为成人不大敢这样去思考，因为担心亵渎。

《皇帝的新装》中那个孩子是个能正常说话的人，几乎所有的儿童开始时都能那样说话，而当他们受过一定时期的教育后，反而未必会直言皇帝什么也没穿了。是他"成长"了吗？是他"成熟"了吗？是他"稳健"了吗？是他"有韬略"了吗？都不是，是他接触社会了，是他上学了，是他怀着一颗真诚的心去和人群交流时“吃亏”了。

小学生在随笔中如实地描写城市污染和交通拥堵，同样的事实，教师不但看到了，而且很有怨言，可是她对小学生直言感到担忧，认为“这样写影响不好”，“要启发孩子们多看到光明，看到城市建设的新成就”。这个老师对学生作业的讲评，自以为和官方“宣传”保持了一致，可是，她忘记了课堂教学任务。她并非不清楚事实，她只是恐惧，对说真话感到恐惧。如果所有的老师和家长都这样紧盯住这名小学生，这孩子也明白“祸从口出”，他就有可能信口胡说，他就有可能学习“配合”，此后看到灰蒙蒙的天也强说成“蓝蓝的天”，他乘的公交车被堵在道路上爬行时，他仍然要唱“我们走在大路上”，最后，竟然是他符合“人才”标准了。荒唐吗？然而竟成为现实。很多人就是在这样的启示下失去童年的。

家长总是担心“孩子太直会吃亏”，教师总认为“我是在为学生的未来着想”，正因为有这样那样的担忧，教育难以培养合格的人和“公民”，而总是能成功地培养龙胜帮龙，虎胜帮虎，东张西望的“市民”。

应尽可能地让孩子们保持纯真的心，尽可能让他们做点梦，让他们对世界有幻想，让他们对人间不设防——无论如何，教育者不要一下子就退到底线。

怎样听课

我观摩一些课，走进教室时，常常怀着歉意，因为我们的出现，让学生的学习受了影响。正规教室空间有限，一下挤进二三十个听课的人，更显局促；教师挤在教室通道间，甚至坐在讲台周围，不但分散了学生的注意力，也不符合安全规定：万一发生意外，学生根本不可能迅速疏散。

有些教师的随堂听课，对学生而言形同骚扰。一些听课教师在课堂上显得不够庄重，坐得东倒西歪，有些人不带书，拿过学生的教科书翻看，影响了学生的阅读；还有的低声问学生一些不该问的问题；甚至有教师拿手机低头“刷屏”。有个听课的老师在后面喝茶，茶有点烫，他一边喝一边咂嘴，有学生听到了，回头寻声找人……如果是在“场子”上听课，还不断会有教师进进出出。

听课时，学生静下来了，讲课老师开始“导入”了，可是教室后面仍然没安静下来：有听课老师迟到了，迟到了，还寒暄，大惊小怪；更令人不能容忍的，是有人敢用手机，虽然讲话声音轻轻的，但前排的学生仍然能听到，因为同学们很安静。——这样难堪的事经常发生，对学生的伤害很大。

我曾在课堂上为听课教师不礼貌的行为而生气。学校安排那批外地老师来我的教室听课，估计他们是到南京来旅游的，顺便听一节课回去交差（而不是“来听课而顺便旅游”）。上午玩够了，下午第一节课，有两个老师在后面睡着了，睡相很难看，学生发现了，掩口而笑，并悄悄指示给同学；还有个听课老师连笔也没带，想起了什么事，让学生“撕张纸，借支笔”，引起一阵骚动。——我生气的是：你们的举动不像教师，你们干扰了我们的课堂；你们离开后，我将怎样向学生解释呢？

课堂是学生学习的场所，不是演艺厅（演艺厅也有规矩），所有的人对课堂要有敬重，保持课堂的平静，让学生安静地学习。所以，我总是带着歉意坐在观摩课教室里，因为我们的出现，那些小学生、中学生，不得不在热闹的现场学习，是我们妨碍了他们。

听课，观察教师的教，更要观察学生的学。听课不能妨碍学生，我的很多同事都特别关注学生的状态和情绪。有次听课，老师让那个靠墙的学生站起来回答问题，学生答了一半，她又请另一个学生站起来“补充”；“补充”时，她忘了请前面那位学生坐下。那学生太老实，就站在那儿听讲，老师没发话，他不坐；老师让全班读下一段，他站着，也跟着读；读过了，教师谈下一个问题，仍然没有注意到他站着。我看了表，足有三分钟，漫长的三分钟。他的同学像是习以为常。于是我猜测，这个老师平时可能没什么亲和力，学生不敢多言。有意思的是听课的几位中学老师都注意到那位学生站着，都期待开课老师看见他，后来竟然不顾一切，举手摇动，向讲台上的教师示意。那个学生终于坐下去了，我们松了一口气。课后交流时，听课的几位专家都没提到这个细节，甚至没注意；但在场的几位中学教师都耿耿于怀，认为这是难以原谅的失误。教师眼中没有学生，教学很难有什么作用。这是典型的“把人忘了”，如果她能及时说个“对不起”，可能会好一些。

下课了，向你身边的学生说一声“谢谢”、“再见”，有必要。我一般不立刻就走，我会问：“下一节是什么课？”“作业多不多？”“你以后别弓着背，要尽量坐直啊！”“你的字写得真好！”……我每次这样说时，都会看到学生愉快的笑脸。

课堂上，教师也在学

教师的引导作用不能低估

学生“自主、合作、探究”的能力，需要教师引导、培养。这是一项长期的工作，需要多种有效的保障：教师的专业技能，课堂的组织形式，学习观念的培养，社会评价文化的认同，等等。教师的专业技能决定了他在教学中的地位，否认这一点，“教学”也就不存在，不能简单地喊一句“把课堂交给学生”。过于简单、意在吸引眼球的口号，会招致有害于课堂教学的浮躁，无益于学生的思维发展。

要有爱心，更要有智慧

教育不能仅仅凭借爱心，更需要智慧。仅有对教育的热爱，未必能胜任教学任务。曾和一位心脏外科专家交流，说起爱心与智慧的话题，他说：“我不太同意社会的一般看法，我认为智慧比爱心更重要，医术高超,病人的痛苦就少。以儿童心脏手术来说,胸腔打开的时间越短越好；仅仅有爱心，可能不行。”行医与教学未必是一回事，但他的话也令我深思。行医是“救命”，千钧一发，而“教育”将长久地影响人的一生，要提高生命的质量，点点滴滴，滋润人的心灵。

对一名富有爱心的教师而言，他可能更得有智慧。

向所有的人学习

“了解自己”，是学习的起点。我深切感到，我的智慧是有限的，好多领域的知识我不了解，好多应当读的书我没读过，这就让我把继续学习当作生活的主要内容。每位教师都可能有自身的教学优势，要敢于“扬长”，但也要敢于“不避短”，善于向一切可以学习的人学习，当然也包括向学生学习。——每个人身上可能都有值得我学习的东西，学习他不是为了成为“他”，而是为了成就“我”。有这样的意识，就能不断开拓学习的新途径。我在50岁时参加语文教科书的编写，在长期的工作中，认识了很多比我年轻的教师，我只注意他们强于我的地方，这样，我丰富了视野，学到了更有趣的知识。如果我倚老卖老，可能就不会像现在这样时有感悟。

教师的阅读生活

读书成为生活的一部分，是很正常的事。有时我想到，教师的辛劳，不在于个人的兀兀穷年青灯黄卷，而在于要花更多的时间，想方设法地劝说孩子们读书。比这更难的，是明白教育的进步，需要有一个“学习的社会”，教师得走出教室，劝说更多的人阅读。然而，最难，也最令困惑的，是现今要劝说教师阅读。教师不阅读，教育没希望。

作为一种生命方式，阅读只能是“个人”的追求；阅读只有“个人”才能完成，只有“个人”才能在阅读中思考，因而只有“个人阅读”才能真正获得教养。同样，我们不难发现，归根结底，教师全部教育智慧都是个人读书、思考及与他人交流产生的，绝对不可能由于一个政策、一项措施而“雨后春笋”般地生出，外部的环境至多“催生”、“促进”，没有种子不行。

我的一位青年同事应约把读书笔记结集出版，书名用了帕慕克的话——“把自己和书关起来”，这对是我重要的启示！很多教师回顾自己的成长，也都很重视读书静修的经历。回顾个人阅读史，但凡最终形成有价值记忆的阅读，多是在独处的状态下。“文革”中我在农村插队8年，被剥夺上大学的资格，农村也缺乏读书氛围，为借一本书，往往要走几十里路，如饥似渴，当年独自在油灯下读书的幸福感至今难忘。

我认识的几位前辈回忆最有价值的读书，竟然都是在监狱里！现在各方面条件比较好，是教师专业进修的好时期，无论如何，一个人都会有自己的空间，如何抵御诱惑，拒绝平庸，需要有明智的选择。

因为阅读是充满个人思维和情感活动的过程，因此它不大可能受行政措施的干预或管理。所以,阅读需要一个“静”的环境,没有必要“集体行动”。报刊上那种教师坐在一起读书的照片，极可能在快门按下后就“散伙”了。读书需要交流，可以有读书会、书友会，然而前提必须是个人的阅读。个人的阅读是自由的阅读。读什么类别的书，一名教师应当有自己的选择，他作为“师”，应当比学生善于学习。

要“适量”，不要“大量”

常听班主任或教师说，对“问题学生”“做了大量的工作”，如何辛苦云云。为什么动不动就要“大量”呢？“适量”最好，“大量”未必好。学生心有郁结，情绪不稳，他或许想独处一阵，他认为自己没有妨碍他人,他希望能让自己安静下来。可是,班主任每天找他谈一次，而且是当众把他请出教室，站在走廊上谈话，同学隔着玻璃窗能看到老师的“苦口婆心”或“喋喋不休”，这能有什么效果？你把他力图保持的一点点自尊扫荡一空,背后还说他“难教”,他非但不会有什么悔悟，说不定更加逆反,走向极端。经验和教训告诉我：要“适量”,还要看“机会”。对一些有问题的学生，我后来很少谈话，只是在他来找我的时候，在他的眼睛望着我的时候，把早已考虑好的话告诉他。

那些“难教”的学生,绝大多数不是道德缺陷,而仅仅是“青春病”——有些是对课堂厌倦，有的则是家庭不幸，有的是想懈怠一下，他暂时对一切失去热情，而不止是学习。多年前的一名学生，书香世家，许多名人都见过，教师在他耳边聒噪“成名成家”，能有什么用？他无动于衷。很多老师认为他是典型的“教不好”，我为此也耗费很多精力。总是好上三天便故态复萌,他也很苦恼。20年过去,没上过大学的他人到中年，见多识广，对社会问题有自己的见解。这有什么不好的呢？如果学校评价教师，把所有的学生都“教好”，不仅“一个也不能少”，而且要“规格统一”，那种教育必然也是失败的。

教师的表达示范

大而化之的教学，往往在于把课堂上可能发生的事想得太简单。如果能想到，课堂教学无意间的话语，会给学生造成难以弥补的损失，那就不能不慎重。我曾对一位老师说，上课不要用“寡妇”这个词，老师疑惑地说，课文上是这样的。我说，不得不说，你就说“守寡”。有什么不同呢？“寡妇”这个俗称缺乏对人的尊重，而“守寡”则是成年女性的某种状态。没有别的目的，是考虑到这个班有一两个同学家里有“情况”，可能会引发某个学生伤感，那就不读这几句，不动声色地跳过去。再如，即使讲课时不得不涉及“离婚”，也要考虑个别学生的感受（特别是低年级学生、小学生），因为几乎每个班都有单亲家庭的学生。我也会在课上装作无意地说“离婚率高也是社会文明的特征”。教师的表达要注意，不能贬低任何职业，教师的语言也要有教养。有个老师说“没想到一个农民工字写得这样好”，可是他的班上，有几位同学来自“农民工”家庭。教学中最好不要用“炎黄子孙”、“华夏儿女”这样的词，我们这个班，除了汉族，还有其他民族的同学。

学生在看我种地

我说，我是个农夫，在自己的地里劳作，这一小块地，也要受“天时”影响，这就让我不停地流汗。如果要说这和其他职业有什么不同的话，那就是有近百名青少年，每天盯着我，看我是怎样种地的。

我对学生说：“你们信不信？如果我去食堂，我会是最好的厨师；如果我做清洁工，我会是学校最好的清洁工。”教室里沉默，学生盯住我看，大部分学生默默地点头。

试着把自己变成一个学生

职业倦怠来得过早，可能是因为我们对教师职业的期望过高。我之所以能比较平静地待在课堂里，是因为我很早就不相信“教师是人类灵魂的工程师”。说这句话的人，或是传这句话的人，大部分没有太多的课堂经历。如果他每天沉浸在课堂里，如果他眼睛中有学生，也许未必会说这样的话了。你试着把自己变成一个学生，如果你能用学生的眼光揣摩自己的教学，可能就会感到新奇了。——不是一天，是每天，每天如此。